Übersicht Allgäu Ost
Füssen, Oberstdorf, Mindelheim
Pfronten Ort mit Stadtplan
Ausgangspunkt der Touren
(Farbe enspricht dem Schwierigkeitsgrad der Tour)
Staatsgrenze
DEUTSCHLAND
SCHWEIZ
ÖSTERREICH
ÖSTERREICH
Allgäuer Alpen
Lechtaler Alpen
Mengen
Bad Saulgau
Bad Schussenried
Berkheim
Erkheim
Mindelheim
Buchloe
Landsberg am Lech
Rot an der Rot
Eberhardzell
Buxheim
Sontheim
Memmingen
Dirlewang
Bad Wörishofen
Waal
Ostrach
Altshausen
Bad Waldsee
Aitrach
Ottobeuren
Markt Rettenbach
Kaufbeuren-Neugablonz
Germaringen
Fuchstal
Villgertshofen
Denklingen
Aichstetten
Wilhelmsdorf
Bergatreute
Bad Grönenbach
Kaufbeuren
Obergünzburg
Günzach
Biessenhofen
Aitrang
Wessobrunn
Bernried
Seeshaupt
Königsdorf
Weilheim i. OB
Altusried
Dietmannsried
Schongau
Peiting
Deggenhausertal
Ravensburg
Unterthingau
Marktoberdorf
Iffeldorf
Penzberg
Bad Tölz
Uhldingen-Mühlhofen
Wiggensbach
Kempten
Betzigau
Stötten
Rottenbuch
Benediktbeuern
Immenstaad
Tettnang
Wangen
Argenbühl
Durach
Görisried
Lengenwang
Lechbruck
Steingaden
Murnau
Lenggries
Friedrichshafen
Waltenhofen
Sulzberg
Oy-Mittelberg
Seeg
Rosshaupten
Saulgrub
Bad Kohlgrub
Kochel
Weitnau
Nesselwang
Rieden
Ohlstadt
Lindenberg
Missen-Wilhams
Wertach
Oberammergau
Walchensee
Kressbronn
Pfronten
Füssen
Lindau
Oberstaufen
Immenstadt im Allgäu
Jungholz
Vils
Oberau
Wallgau
Krün
Bischofszell
BREGENZ
Sulzberg
Sonthofen
Garmisch-Partenkirchen
Tannheim
Bad Hindelang
Nesselwängle
Reutte
Hinterriß
Rorschach
Höchst
Balderschwang
Hittisau
Weißenbach
ST. GALLEN
Lustenau
Dornbirn
Fischen
Oberstdorf
Berwang
Lermoos
Ehrwald

Inhalt

17 Radtouren zwischen Mindelheim und Oberstdorf für sportliche Radler und Genussradler.

Kartenlegende siehe Seitenklappe und Umschlaginnenseite

TOURENÜBERSICHT

✓ Ja – Nein (✓) Beding-

Vorwort

Allgäu – das ist bewegende Natur in einer traditionsreichen Bergwelt.

Im Allgäu sind Rennräder, Mountainbikes und Tourenräder gleichermaßen zu Hause. Sportliche Biker oder all jene, denen es um den Genuss geht, finden hier tolle Radrouten. Für Radler aller „Reifegrade" ist etwas dabei. Hier können Sie dem Alltag davonradeln. Ob entlang der Gebirgsflüsse Iller, Wertach, Lech oder rund um die Gebirgsseen wie Forggensee, Grüntensee oder Rottachsee sowie quer durch das sanfte Hügelland der Voralpen oder durch Moore und Wälder. Hier finden Sie Naturgenuss und die Freude am Radeln. „Hochgefühle" kommen auf beim Radeln über den Ochsenberg oder hinauf zum Hauchenberg.

Ob im Frühjahr, wenn auf saftigen grünen Wiesen der gelbe Löwenzahn blüht, im Sommer wenn das gemähte Gras würzig duftet und die Bergseen zum Baden einladen oder im Herbst zum Viehscheid, wenn die Kühe mit Glocken- und Schellengeläut zu Tale getrieben werden, die Sicht besonders klar ist und der Blick weit in die Ferne reicht; das Allgäu ist zu jeder Jahreszeit eine Radtour wert.

Egal wie Sie sich entscheiden, radeln können Sie im Oberallgäu um Oberstdorf, im Ostallgäu um Füssen oder im Unterallgäu um Bad Wörishofen auf gut befahrbaren Straßen und Wegen. Ich habe für den sportlichen Radler wie für den Familienausflug 17 wunderschöne Strecken herausgesucht. Panoramatouren mit Blick zu den majestätischen Gipfeln der Allgäuer Alpen, Touren zu grandiosen Sehenswürdigkeiten wie zum Kloster Ottobeuren, zur Residenz in Kempten oder zum Schloss Neuschwanstein.

Ralf Enke

Geboren und aufgewachsen sowie Studium der Kartographie in Berlin. Anschließend führte mich meine erste Arbeitsstelle ins Schwäbische nach Stuttgart. Nach 20 Jahren siedelte ich nach München um und machte mich selbstständig. Seit nun mehr vielen Jahren bin ich im Verlagsbereich tätig, habe viele Wander- und Radkarten hergestellt und bin Autor der neuen KOMPASS-Radführer „München und Umgebung", „München-Süd", „Lechtal", „Weser" und „Donauradweg Von Donaueschingen nach Passau".

Ralf Enke: Meine persönlichen Highlights

Das Allgäu verbindet Natur, Tradition, Geschichte und einzigartiges Freizeitvergnügen. Sie müssen sich nicht entscheiden. Hier finden Sie alles.

Etwas ganz Besonderes ist ein **Segeltörn auf dem Großen Alpsee**. Auf der „Lädine“, einem ehem. Lastensegler, stechen Sie in Immenstadt-Bühl von der Seepromenade aus in See. Die Rundfahrten auf dem Zweimastsegler Santa Maria Loreto sind eine herrliche Panoramatour. ▶ **Tour 3, Seite 37**

Die **Burgruinen Eisenberg** und **Hohenfreyberg** sind bereits aus der Ferne zu erkennen. Der Weg ist zwar beschwerlich, aber oben liegt zum Glück die Schlossbergalpe. Hier gibt es eine deftige Brotzeit und einen tollen Panoramablick. Die letzten 10 Gehminuten führen uns zu den grandiosen Burgruinen. ▶ **Tour 9, Seite 84/85**

Am **Elbsee** bei Aitrang können Sie im wahrsten Sinne des Wortes die Beine im Wasser baumeln lassen. Und wer noch einen Radlertipp braucht, der ist hier am „Bikertreff“ richtig. ▶ **Tour 13, Seite 119**

Auf der **Forggenseeradtour** eröffnet sich das Panorama der Tannheimer Berge und der Ammergauer Alpen. Zu Füßen der Berge im Königswinkel thronen die Königsschlösser Ludwigs II. Halten Sie an der Kapelle in Hegratsried und genießen Sie das Panorama. ▶ **Tour 11, Seite 102/103**

Füssen im Allgäu wird überragt vom Hohen Schloss. Wer weiter hinauf möchte, besteigt den Uhrturm, mit fantastischem Blick über die Altstadt bis zum Forggensee. ▶ **Tour 11, Seite 100**

Die gemütliche Altstadt von **Immenstadt** ist einen Besuch wert. Auf engstem Raum reihen sich am Marienplatz das ehem. Stadtschloss, das Rathaus, das Gräfliche Amtshaus, Kloster und Stadtkirche aneinander. ▶ **Tour 4, Seite 45**

Die alte **Reichsstadt Kempten** hat eine wunderschöne historische Altstadt. Machen Sie einen Stadtbummel zur Basilika, der Residenz, zum Alten Rathaus, dem St.-Mang-Platz mit der gleichnamigen Kirche und Sie werden richtig Lust auf Kempten bekommen. ▶ **Tour 17, S. 156/157**

In **Oberstdorf** hat die Iller ihren Ursprung und erhält ihr Wasser aus dem Oytal, dem Tal der Trettach und der Stillach. Von allen drei Tälern aus sehen Sie hinauf zu den höchsten Gipfeln der Allgäuer Berge. Aber von der Spielmannsau im Trettachtal ist der Blick am schönsten. ▶ **Tour 1, Seite 21; Tour 2, Seite 29**

Ottobeuren steht für sein Kloster, aber in erster Linie für seine Basilika- und Kaisersaalkonzerte. Die Orgelkonzerte auf der berühmten Riepp-Orgel sind ein Hochgenuss. Wer eine „Hörprobe“ erleben möchte, muss samstags um 16.00 Uhr an der Basilika sein. ▶ **Tour 16, Seite 148**

Beachten Sie die vom Autor empfohlenen und mit markierten Einkehrtipps

Das Gebiet

Historische Altstädte, idyllische Dörfer, weite Täler und sanfte Alpen. Tauchen Sie ein ins liebliche Allgäu.

„Das Allgöw ist eine Gegend in Schwaben, wird eingeschlossen von Orient mit dem Lech, gegen Mitnacht mit der Tonaw (Donau) gegen Occident reicht es den Bodensee und gegen Mittag erstreckt es sich gegen den Schneegebirg. Es ist ein rau winterig Land, hat aber schöne und stark Leut, Weib und Mann, die können alle trefflich spinnen. Es hat auch viel Vieh, Küh und Ross, es zeucht sonderlich gar schön jung Fohlen, es hat Winterkorn, Gerste und viel Thannwald, Bäche, Vögel und wird mit großen und vielen Seen und fischreichen Weihern erfüllt."

Mit diesem Sätzen beschreibt Sebastian Münster 1544 in seiner „Cosmographey" das Allgäu.

Betrachten wir heute das Allgäu, so zieht es sich vom Bodensee auf baden-württembergischer Seite hinauf nach Bayern ins Oberallgäu mit den größeren Orten Oberstdorf, Sonthofen und Kempten. Nach Norden erstreckt sich das Unterallgäu und führt Bad Grönenbach, Bad Wörishofen, Memmingen und Mindelheim in seinen Grenzen. Wer durch Füssen, Marktoberdorf und Kaufbeuren kommt, bewegt sich im Ostallgäu.

Drei große Gebirgsflüsse durchziehen das Allgäu: Iller, Wertach und Lech. An allen drei Flüssen sind Stauseen entstanden, die den Wasserstand regulieren und deren Wasserkraft zur Stromerzeugung genutzt wird, wie am Forggensee, Rottachsee und Grüntensee.

Viel früher schon herrschte hier reges Leben. Zahlreiche Orts- und Flurnamen sind auf die Kelten zurückzuführen, die Römer haben ihren Teil an Sprache, Straßen und Baustil hinterlassen. Die nachrückenden Alemannen haben dann vor allem die Sprache und die Kultur geprägt.

Alp-Gäu, daraus ist Allgäu geworden. Berge und Wiesen verspricht schon der Name und lässt erkennen, dass sich dieses Gebiet vom Hochgebirge bis ins hügelige Alpenvorland erstreckt. Wie eine Treppe senkt sich das Allgäu von den höchsten Gipfeln des Hauptkammes im Süden über die Voralpenhügel hinab zur schwäbisch-bayerischen Hochebene. Die Gipfel sind dem Bergsteiger und Bergwanderer vorbehalten. Der

Tannheimer Tal gegen Köllenspitze.

wohl bekannteste Gipfel der Allgäuer Alpen ist die Mädelegabel mit 2645 Metern Höhe. Das alpwirtschaftliche Leben beschränkt sich auf die grünen Voralpengipfel und die Hochtäler. Hier ruht auch der „Wächter des Allgäus", der 1738 Meter hohe Grünten. Auf der nächsten Stufe zwischen weiten Tälern und sanften Erhebungen liegen erste Siedlungen und Dörfer wie Oberstdorf und Sonthofen. Im hügeligen, von langgestreckten Moränenwällen durchzogenen Unterallgäu hat es Bürgerfleiß zu stattlichen Städten und reichsstädtischen Freiheiten gebracht. Kempten, das römische Cambodunum, ist eine der ältesten Städte Deutschlands.

Grüntenblick.

Viele der allgäuer Täler sind während der Eiszeit vom mächtigen Illergletscher ausgehobelt worden. Im Illertal zwischen Oberstdorf und Sonthofen hinterließ er mächtige Seitenmoränen. Auf der westlichen Terrasse liegen heute die „Hörnerdörfer" wie Bolsterlang und Ofterschwang.

Nach Südwesten zum Bregenzer Wald erhebt sich die Bergkette des Nagelfluh. Seit dem Jahre 2008 besteht der Naturpark „Nagelfluhkette" als grenzüberschreitender Naturpark zu Österreich. Der Name wurde nach der hier vorherrschenden Gesteinsart, dem Nagelfluh, gewählt. Südlich des Ostallgäus, an der Grenze zu Österreich, erhebt sich der Aggenstein in der Bergkette der Tannheimer Berge, an deren Fuß das Tannheimer Tal liegt. Ursprünglich gehörte das Tannheimer Tal zu den Besitzungen des Bistums Augsburg, bis es zu Tirol kam.

Nicht immer konnte man vom „grünen Allgäu" sprechen. Zur Zeit der Leinenweber, als im Land der Flachs blühte, sprach man vom „blauen Allgäu". Dann kam der Siegeszug der Baumwolle und der Maschinenweberei, die die allgäuer Handweber in arge Not brachten.

Erst die „Einführung" des Allgäuer Emmentaler Käses durch den Schweizer Sennen Johann Althaus brachte Linderung der bäuerlichen Existenznot. Es entstanden bald größere private wie genossenschaftliche Käsereien, die die gesamte Milchmenge eines Dorfes verarbeiten konnten.

Das Vieh bekam nun Grünfutter und wurde auf hochgelegene Weideplätze getrieben. Am Viehscheid, damals wie heute, kommt das Vieh den Winter über zurück in die Ställe. So wurden aus Leinenwebern Milchbauern und das Land hatte sein „Weißes Gold". Mit dem einträglichen Wintersportgeschäft kam eine weitere Form des „Weißen Goldes" hinzu. Oberstdorf ist mit seinen Skisprungschanzen und den Bergbahnen das Skizentrum im Allgäu.

Füssen ist durch seine romantische Altstadt und der Nähe der Königsschlösser Hohenschwangau und Neuschwanstein die Perle des Allgäus.

Kaufbeuren, an der Wertach gelegen, blickt auf eine über tausendjährige Stadtgeschichte zurück. Das prunkvolle Rathaus, die Stadtmauer und das Wahrzeichen der Stadt, der Fünfkopfturm sind Zeugen der Zeitgeschichte.

In Bad Wörishofen begann vor 150 Jahren eine neue Zeitrechnung der Medizin. Johann Sebastian Kneipp lehrte hier seine „Ganzheitliche Gesundheitslehre", deren Herzstück die Anwendung von Kräutern und Wasser ist.

In Mindelheim regieren alle drei Jahre Georg von Frundsberg und Anna von Lodron im Rahmen des Frundsbergfestes. Seit 160 Jahren feiern die Mindelheimer Bürger ihre Geschichte und lassen die Stadtgründer, die Herzöge von Teck, die Ritter von Rechberg und das Adelsgeschlecht der Frundsberger auferstehen. Dort wo Jörg von Frundsberg, der Vater der Landsknechte, seine Burg hatte – die Mindelburg.

Und vergessen wir nicht Ottobeuren mit seiner von Barock und Musik erfüllten Basilika. Ein wirklich abwechslungsreiches Stück Erde.

Mindelheim, Marienplatz mit Rathaus.

Tour 01 Oberstdorf – Oytal – Trettachtal – Stillachtal – Oberstdorf

Die Oberstdorfer Tälerrunde

45 km	4:00 Std.	603 hm	603 hm	

GPS-Koordinaten / Start
UTM x: 596.370 m
Zone 32 y: 5.251.560 m

Startort: Oberstdorf

Start/Ziel: Oberstdorf, Bahnhof 807 m

Charakter: Die Wege in die drei Täler sind zwar durchgehend asphaltiert, führen aber teils kräftig bergauf. Es ist einiges an Kondition erforderlich.

Verkehr: Obwohl die Fahrwege in die Täler für den öffentlichen Verkehr zugänglich sind, ist im Allgemeinen mit wenig Verkehr zu rechnen.

Tipp: Für große und kleine Kinder ist die Sommerrodelbahn an der Talstation der Söllereckbahn ein großer Spaß. Sie liegt an der B19 Richtung Kleinwalsertal.

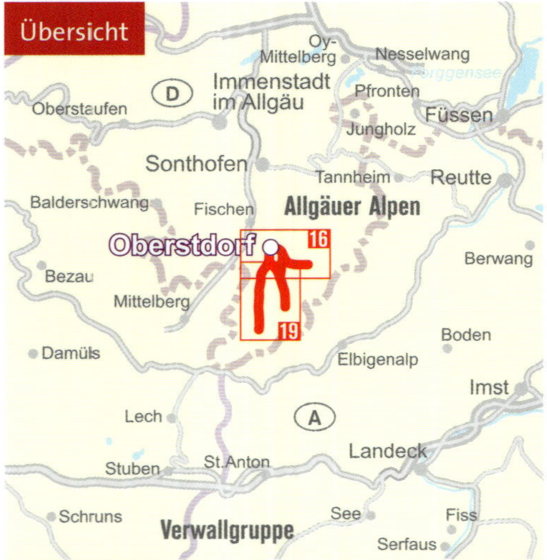

Ausflugsziele / Sehenswürdigkeiten & Einkehrtipps siehe S. 21

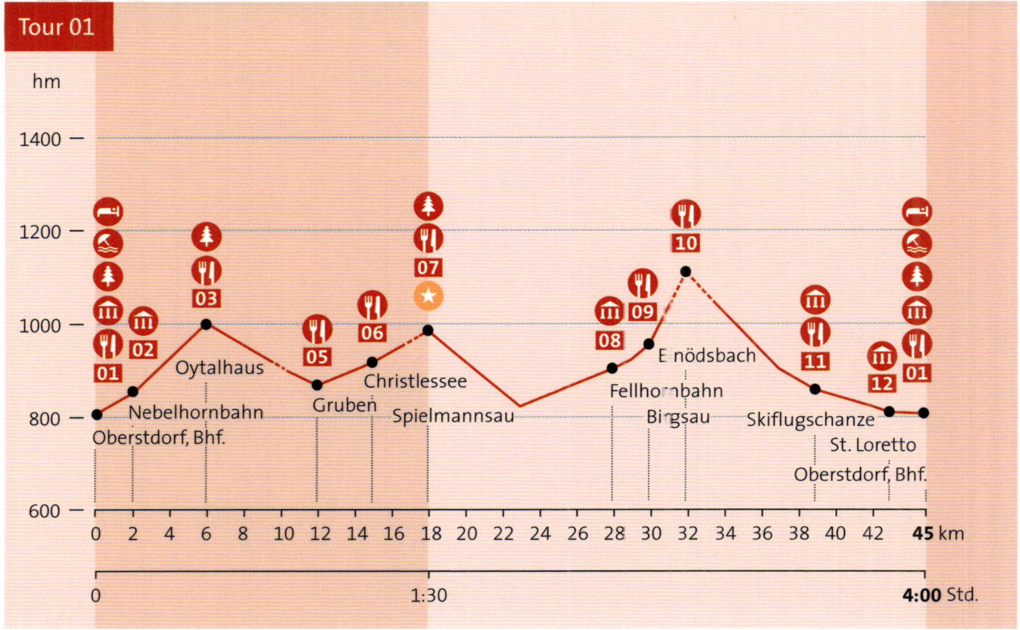

Oberstdorf – Spielmannsau / 18 km / 1:30 Std.

Start Wir starten vor dem **Bahnhof von Oberstdorf** **01** auf dem „Bahnhofplatz". Hier halten wir uns halblinks zur Fußgängerzone in die „Hauptstraße". Nach wenigen Metern biegen wir links ab in die „Nebelhornstraße" und folgen der Straße zur **Talstation der Nebelhornbahn** **02**. Geradeaus radeln wir über die Trettach zur Straße „Am Faltenbach" und biegen unterhalb der Skisprungschanzen nach rechts in die „Oytalstraße" ab. Wir kommen am Wirtshaus vorbei und radeln um den Kühberg herum in das **Oytal** hinauf zum **Wirtshaus Oytalhaus** **03**. Hier haben wir einen tollen Ausblick zum Schattenberg und zum Höfats. Nach einer guten Brotzeit radeln wir hinunter bis zum Abzweig am **Gasthaus Kühberg** **04**. Wir biegen links ab und halten uns links hinunter in das Tal der Trettach. An der Brücke über den Oybach stoßen wir auf den „Grubenweg", halten uns ge-

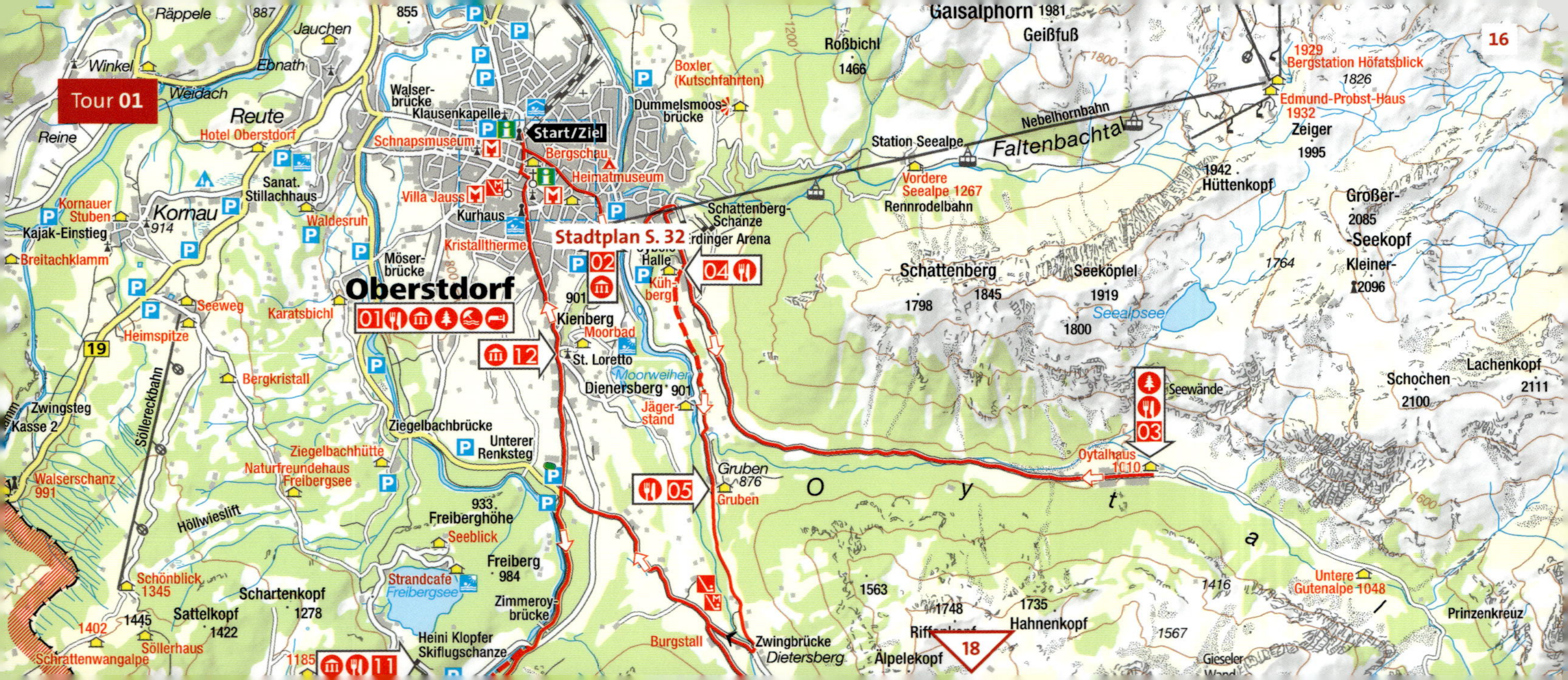
Tour 01
Oberstdorf
01
Start/Ziel
Stadtplan S. 32
02
03
04
05
11
12
18
19
Winkel
Weidach
Ebnath
Jauchen
Räppele
Reute
Reine
Hotel Oberstdorf
Walser-
brücke
Klausenkapelle
Schnapsmuseum
Bergschau
Heimatmuseum
Villa Jauss
Kurhaus
Kristalltherme
Sanat.
Stillachhaus
Kornau
914
Kornauer
Stuben
Kajak-Einstieg
Waldesruh
Breitachklamm
Möser-
brücke
Seeweg
Karatsbichl
Heimspitze
Bergkristall
Söllereckbahn
Zwingsteg
Kasse 2
Ziegelbachbrücke
Ziegelbachhütte
Naturfreundehaus
Freibergsee
Unterer
Renksteg
Walserschanz
991
Höllwieslift
Freiberghöhe
933
Seeblick
Freiberg
984
Strandcafe
Freibergsee
Schönblick
1345
Schartenkopf
1278
Sattelkopf
1422
1445
1402
Söllerhaus
Schrattenwangalpe
1185
Heini Klopfer
Skiflugschanze
Zimmeroy-
brücke
Kienberg
901
Moorbad
St. Loretto
Moorweiher
Dienersberg
901
Jäger-
stand
Küh-
berg
Halle
Schattenberg-
Schanze
rdinger Arena
Gruben
876
Gruben
Burgstall
Zwingbrücke
Dietersberg
Boxler
(Kutschfahrten)
Dummelsmoos
brücke
Gaisalphorn
1981
Geißfuß
Roßbichl
1466
Station Seealpe
Faltenbachtal
Nebelhornbahn
Vordere
Seealpe 1267
Rennrodelbahn
1929
Bergstation Höfatsblick
1826
Edmund-Probst-Haus
1932
Zeiger
1995
1942
Hüttenkopf
Großer-
2085
-Seekopf
Kleiner-
2096
1764
Schattenberg
1798
1845
Seeköptel
1919
Seealpsee
1800
Lachenkopf
2111
Schochen
2100
Seewände
Oytalhaus
1010
O y t a
1600
1800
1200
800
1563
1748
1735
Hahnenkopf
Rifflerkopf
Älpelekopf
1567
1416
Untere
Gutenalpe 1048
Prinzenkreuz
Gieseler
Wand

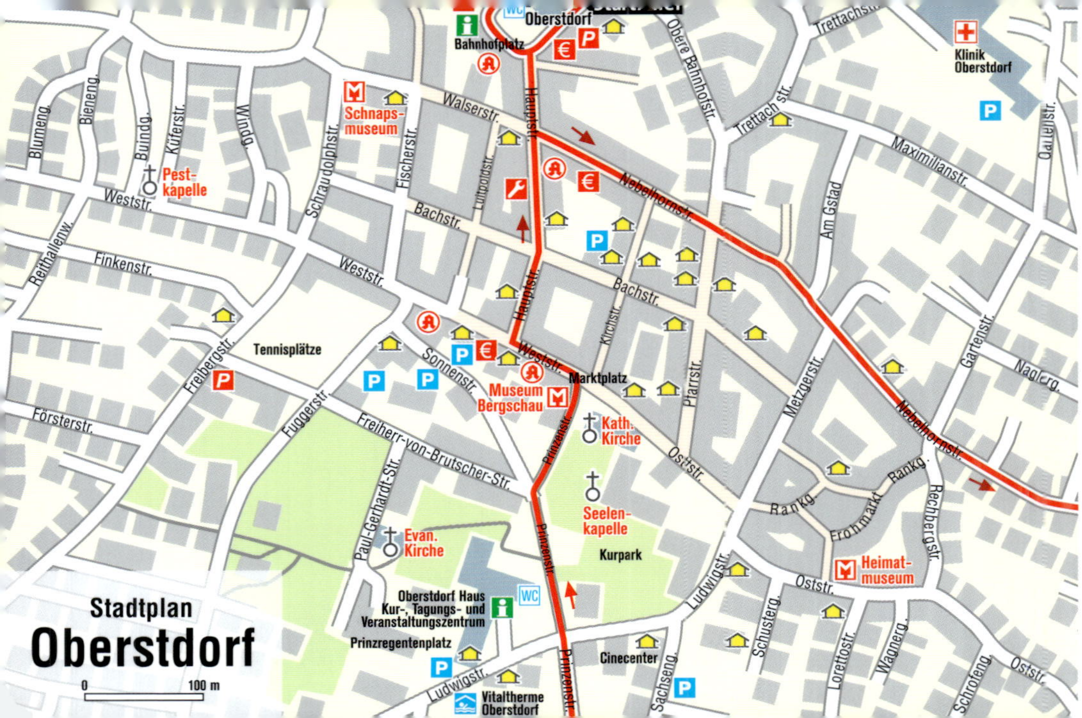

An der Trettach bei Gruben.

radeaus und erreichen **Gruben** 05 mit dem Gasthaus. Auch hier können wir noch einmal einkehren oder weiterhin geradeaus radeln bis wir auf die **Straßenbrücke** treffen. Hier biegen wir rechts ab und radeln hinauf an die Straße zur Spielmannsau. Nach links setzen wir unsere Radtour fort, verlassen bald die Straße und fahren auf den Weg oberhalb der Straße zum **Café am Christlessee** und zum **Christlessee** 06. Der See liegt wie eine Perle etwas unterhalb des Weges, auf dem wir die Radtour fortsetzen und auf die Straße zur Spielmannsau treffen. Auf einer kleinen Allee erreichen wir das Gasthaus in der **Spielmannsau** 07.

Spielmannsau – Oberstdorf / 27 km / 2:30 Std.

Bevor wir die Rückfahrt antreten, genießen wir noch eine Weile die herrliche Bergwelt. Wir radeln auf dem selben Weg zurück bis zum **Parkplatz an der Stillach**. Besser gesagt, wir rollen hi-

nunter und müssen ab dem Golfplatz bei der steilen Abfahrt aufpassen und eine gute Bremsanlage haben. Am **Parkplatz** folgen wir der Straße nach links in das **Tal der Stillach** und radeln auf dem Radweg rechts der Straße in das Tal hinauf. Bald stoßen wir auf die **Lawinengalerien** an der Straße, radeln an ihnen entlang und gelangen an die **Talstation der Fellhornbahn in Faistenoy** 08. Auf der Straße erreichen wir den Abzweig links nach **Anatswald** und Birksau. Hier schwenken wir ein und gelangen zum **Gasthaus Birgsau** 09 und zur Kirche des Weilers. Nach der **Eschbachalpe** erreichen wir eine Wegkreuzung. Hier müssen wir links hinauf zum **Gasthaus Einödsbach** 10. Der Weg hinauf ist steil und zieht sich etwa zwei Kilometer bis wir endlich das Gasthaus sehen. Hier sollten Sie sich gut ausruhen. Die Abfahrt auf losem Untergrund ist steil und erfordert gute Bremsen an Ihrem Bike. Ab der **Wegkreuzung im Talgrund der Stillach** rollen wir dann ohne weitere Anstrengung auf der Straße Richtung Oberstdorf. Wer sich die **Heini Klopfer Skiflugschanze** **11** ansehen möchte, biegt nach der Lawinengalerie am Straßenabzweig links ab über die Brücke der Stillach. Die Schanze liegt dann rechter Hand. Auf der Straße radeln wir weiter Richtung Oberstdorf bis an die **Abzweigung am Parkplatz**. Hier biegen wir rechts ab und radeln auf der „Birgsauer Straße" nach **St. Loretto** **12** zu den Kapellen. Hier sollten Sie halten und die Kleinode von Oberstdorf besichtigen. Die „Lorettostraße" führt uns nun nach **Oberstdorf** hinein und geht in die „Prinzenstraße" über. Wir folgen der „Prinzenstraße" rechts zum „Markplatz" mit der **Kirche** in der Altstadt, biegen hier nach links in die „Weststraße" ein und gleich nach rechts in die „Hauptstraße" auf der wir direkt auf den **Bahnhof von Oberstdorf** **01** zuradeln. Hier ist unser Ziel erreicht, nach einer anstrengenden aber herrlichen Radltour **Ziel**.

Spielmannsau.

AUSFLUGSZIELE / SEHENSWÜRDIGKEITEN & EINKEHRTIPPS

Markt Oberstdorf 01

Der Markt Oberstdorf steht für Tradition, Brauchtum, Natur, Alpinismus und Sport. Am Ursprung der Iller gelegen war Oberstdorf um 1800 ein Bergdorf, in dem geduckte Häuser aus Holz gebaut wurden und die Dächer mit von Steinen beschwerten Holzschindeln gedeckt waren.

Obwohl die Dorfbewohner mit der Bergwelt auf Tuchfühlung lebten, begaben sich die Alphirten, Jäger und Waldbauern nur zögerlich in die Berge. Es war eine unbekannte mit unheilvollen Geschichten behaftete Welt.

Erst die von Amts wegen angeordnete Landvermessung in der ersten Hälfte des 19. Jahrhunderts führte zu ersten Besteigungen von Berggipfeln wie der Mädelegabel, Biberkopf und Höfats. Daneben leisteten naturkundliche Exkursionen in die Allgäuer Berge einen großen Beitrag zur bergsteigerischen Entwicklung und weckten das Interesse der „Unterländler" an den Bergen. So kamen die ersten „Sommerfrischler" nach Oberstdorf, die Freude an der Schönheit der Natur hatten und körperliche Betätigung suchten. Ausflüge in die Berge wurden erst von den Gastgebern angeboten. In München war inzwischen der Alpenverein gegründet worden. In seiner Ordnung war die Träger- und Führertätigkeit geregelt. Geprüfte Bergführer führten von nun an die Sommerfrischler in die Bergwelt unter dem neuen Begriff des Alpinismus. Bergpfade wurden ausgebaut und Hütten errichtet. Die Versorgung der Hütten mit Speisen und Getränken für die Gipfelstürmer wurde erst durch Lastenträger aus der Umgebung sichergestellt. Später wurden dafür Materialseilbahnen und Hubschrauber eingesetzt. Ein weiterer Schritt war die Erschließung ausgewählter Gipfel durch den Bau von Bergbahnen. Die erste Bergbahn in Oberstdorf wurde zum Nebelhorn hinauf errichtet. Bereits 1914 gab es erste Pläne, die aber erst ab 1925 mit Gründung des Nebelhornbahnvereins realisiert werden konnten. Am 1. April 1930 schwebte die erste Kabine der **Nebelhornbahn** 02 in die Höhe.

Der Gipfel des 2224 Meter hohen Nebelhorns wurde aber bereits am 27.02.1901 erklommen. Diese „Expedition" auf das Nebelhorn unternahmen der Sonthofener Fotograf Fritz Heimhuber und der Kemptener Hofrat Dr. Madlehner. Im Winter stapften sie auf den Gipfel und fuhren auf gebogenen Brettern im tiefen Pulverschnee zu Tal. Das war gewissermaßen die Geburtsstunde des Skisports in Oberstdorf. Nach der Abfahrt vom Berg wurde bald der „Schneeschuhlauf" ausprobiert. Bereits 1906 gründeten Skisportbegeisterte einen Verein, den Skilauf-Verein Oberstdorf. Der erste Skilaufwettbewerb fand ebenfalls 1906 statt, im Gebiet des Schrattenwang. Zur ersten Allgäuer Skimeisterschaft kam es 1919. Zum Skispringen wurde die Schattenbergschanze 1926 eingeweiht. Heini Klopfer sprang auf ihr 59 Meter weit.

Bekannt wurde Heini Klopfer allerdings erst durch die von ihm konstruierte **Schattenbergschanze**, die Wettbewerbe der ersten Skiflugwoche fanden 1950 auf ihr statt. In den folgenden Jahren war Oberstdorf Station der Vier-Schanzen-Tournee und Austragungsort der Skiflugweltmeisterschaft.

So sehr der Markt Oberstdorf auch mit dem Wintersport verbunden ist, bietet er auch Freizeitspaß im Sommer. Radeln, Mountainbiking, Wandern und Baden werden hier ganz groß geschrieben.

Tourismusinformation siehe ab S. 159
Übernachtungsverzeichnis siehe ab S. 161

Tour 02 Oberstdorf – Obermaiselstein – Sonthofen – Oberstdorf

Die Illertaler Hörnerdörferrunde

35 km	2:45 Std.	146 hm	146 hm		GPS-Koordinaten / Start UTM x: 596.370 m Zone 32 y: 5.251.560 m

Startort: Oberstdorf
Start/Ziel: Oberstdorf, Bahnhof 807 m
Charakter: Eine leichte Tour auf asphaltierten Straßen und Wegen. Entlang der Iller auf dem Illerradweg radeln wir auf losem Untergrund.
Verkehr: Auf den Abschnitten, wo wir auf der Straße radeln, im Bereich Bolsterlang bis Sonthofen, ist mit wenig Autoverkehr zu rechnen.

Tipp: Besuchen Sie die Obermühle Säge in Fischen in der Mühlenstraße. Die 500 Jahre alte Sägemühle wird jeden Freitag in Betrieb genommen.

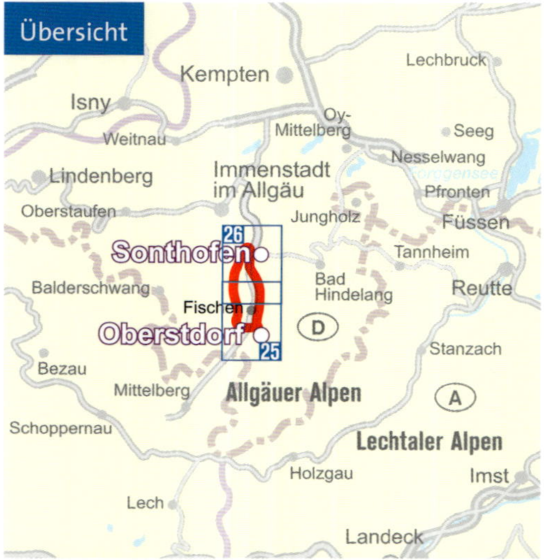

Ausflugsziele / Sehenswürdigkeiten & Einkehrtipps siehe S. 29

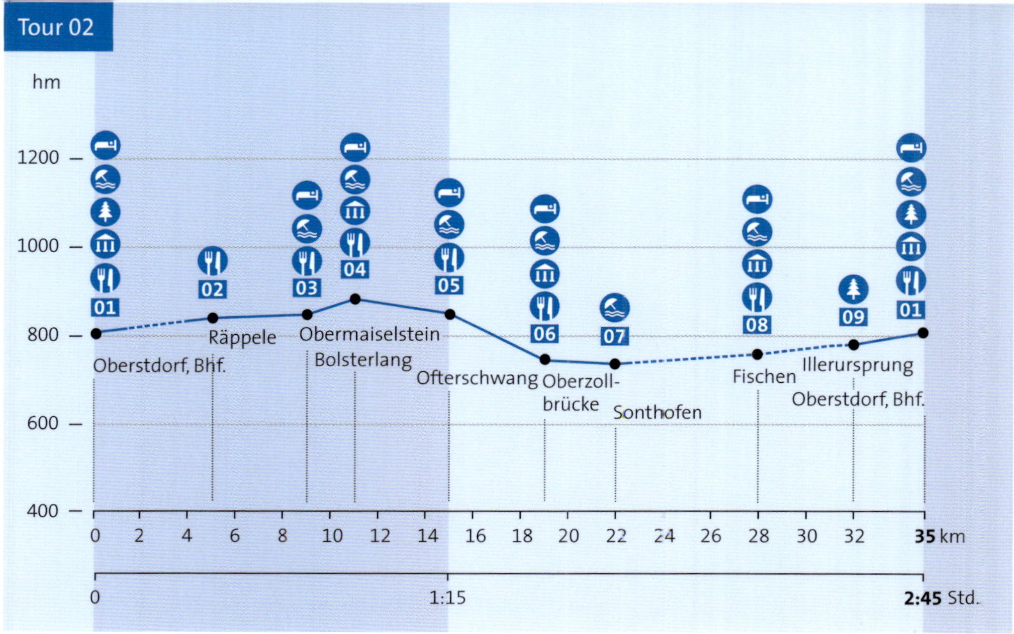

Oberstdorf – Ofterschwang / 15 km / 1:15 Std.

Start Wir schwingen uns am „Bahnhofplatz“ vor dem **Bahnhof Oberstdorf** 01 auf unser Rad. Wir halten uns rechts zur „Poststraße“ und gelangen an den Kreisverkehr. Wir biegen nach rechts in die „Sonthofener Straße“ ein und erreichen den nächsten Kreisel. Ab hier benutzen wir den Radweg rechts der Straße zum Kreisel an der **B 19**. Wir radeln geradeaus über die Brücke der **Breitach** und biegen gleich nach ihr links auf den Radweg ein. Später radeln wir auf der Straße und erreichen **Weidach**. Wir biegen rechts ab und radeln nach **Räppele** 02. Geradeaus fahren wir durch den Ort kräftig bergauf über **Ried** nach **Obermaiselstein** 03. Die Straße „Am Scheid“ bringt uns an die „Passstraße“. Hier halten wir uns rechts und radeln auf dem Radweg links der Straße zum Abzweig an der **Aumühle** und biegen links ab. Nach der Brücke über die „Weiler Ach“ fahren wir auf dem Radweg weiter

hinauf nach **Bolsterlang** 04. Auf der „Dorfstraße" radeln wir in den Ort hinein und auf der „Stuibenstraße" hinaus nach **Kierwang**. Weiter folgen wir der Straße durch **Sigiswang** nach **Ofterschwang** 05.

Ofterschwang – Oberstdorf / 20 km / 1:30 Std.

Wir bleiben auf der Ortsdurchfahrt und rollen nun bergab nach **Westerhofen**. Im Ort biegen

Typisches Haus in Bolsterlang.

Die Hörnerdörfer

An der Bergkette der „Hörner“ liegen die Hörnerdörfer auf einem Sonnenplateau mit herrlichem Panoramablick in die Allgäuer Alpen. Hier an der Schnittstelle zwischen Allgäu und Bregenzer Wald erstreckt sich der grenzüberschreitende Naturpark „Nagelfluhkette“. Der Name rührt von der hier vorherrschenden Gesteinsart dem „Nagelfluh“ her. Seit dem Jahre 2008 besteht der Naturpark und umschließt dabei die Hörnerdörfer Balderschwang, Bolsterlang, Ofterschwang, Obermaiselstein und Fischen auf Allgäuer Seite. Wer noch etwas weiter hinauf möchte kann mit Gondeln der Hörnerbahn zum Bolsterlanger Horn bis auf 1540 Metern hinauf fahren. Die Bergstation ist mit zwei Architekturpreisen ausgezeichnet worden. Von hier oben haben Sie einen fantastischen Panoramablick zu den Allgäuer Alpen. Zur Talstation geht es in Bolsterlang auf der „Hörnerstraße“ von der Ortsmitte bergauf.

Der Naturpark Nagelflukette

Der Naturpark Nagelflukette besteht seit dem Jahre 2008. Er ist der zweite Naturpark in Süddeutschland, aber der erste grenzüberschreitende Naturpark zwischen Deutschland und Österreich. Aus dem Bregenzer Wald in Österreich sind acht Gemeinden dabei und sechs Gemeinden aus dem Oberallgäu. Die Nagelfluhkette beginnt bei Immenstadt mit dem Mittag mit 1451 Höhe und erstreckt sich über 24 Kilometer mit insgesamt 13 Gipfeln bis zum Hochhädrich bei Hittisau in Österreich. Der höchste Berg ist der Hochgrat mit 1834 Metern Höhe. Die Parklandschaft wäre ohne das Eingreifen des Menschen ein überwiegendes „Waldland“. Relativ spät begann in diesem Lebensraum die Rodung um Freifläche für die Viehhaltung und den Ackerbau zu gewinnen. Heute ist die Grünlandwirtschaft die bedeutendste Nutzungsform.

Seit dem Beginn des Bergtourismus gehören auch die Bergbahnen und das gut ausgebaute Wegenetz zur Kulturlandschaft des Naturparks. Die Bergbahnen sind ein beliebter Ausgangspunkt für Wanderungen. Durch die Bündelung der Besucher tragen die Bergbahnen zur Besucherlenkung bei. Oberstes Ziel ist, aus dem Naturpark eine Modelllandschaft für nachhaltige Regionalentwicklung zu machen. Dazu zählen Pflege und Förderung von Kultur und Tradition, die regionale Küche sowie Handwerks- und Industriebetriebe in den Tälern des Naturparks. Ein zentrales Thema im Naturpark stellt hierzu die Stärkung der regionalen Holzverarbeitung dar.

wir links ab nach **Oberzollbrücke** an die Iller in **Sonthofen** 05. An der Straßenbrücke, der „Illerstraße", fahren wir auf die andere Uferseite der Iller und radeln gleich rechts auf dem **Iller-Radweg** entlang der Iller. Bald erreichen wir

den **Campingplatz** 07 und die Sportanlagen. Auf dem **Dammweg** radeln wie nun entlang dem Ufer bis an den **Steg** über den Hinacher Bach. Wir radeln rechts hinüber und weiter entlang der Iller an die Straßenbrücke bei **Fischen im Allgäu** 08. Hier wechseln wir die Uferseite und radeln weiterhin auf dem Dammweg bis an die Brücke über die Iller bei **Rubi**. Hier wechseln wir wieder die Uferseite und schwenken nach rechts ab zum **Illerursprung** 09 bei Oberstdorf. Am Zusammenfluss von Breitach, Stillach und Trettach ist der Ursprung der Iller. Vor der Tettach schwenken wir nach links ab und gelangen an die **Tennisplätze**. Hier radeln wir über die Brücke und über den **Bahnübergang** zum Kreisverkehr. Von der „Rubinger Straße" biegen wir links ab in die „Sonthofener Straße" und gelangen an die „Poststraße". Wir biegen rechts ein und fahren direkt auf den **Bahnhof von Oberstdorf** 01 zu. Hier endet die Illertaler Runde **Ziel**.

Fischen im Allgäu 08

Fischen im Allgäu liegt im Tal an der Iller und blickte 2010 auf sein 1150jähriges Bestehen zurück. Im Kloster St. Gallen wurde am 23. September 860 eine Urkunde ausgestellt in der geschrieben wurde, dass der Ansässige Willihere eine Hufe Land dem Kloster zur Schenkung machte. Nicht ganz soweit reicht die Geschichte der Obermühle zurück. Bis in das Jahr 1508 reichen die Aufzeichnungen zum Mühlgut. In der „Fassion zum Häuser- und Rustikalsteuerkataster" von Fischen aus dem Jahr 1808 heißt es u. a.: „Ein nicht vereinödes Gut mit 1 Sömerum, 4 1/4 Winterfuhren enthaltend. Ein mit Holz geschlossenes Haus, Nr. 29 samt Stadel und Stall unter einem Tach".

Der Illerursprung in Oberstdorf 09

Nördlich von Oberstdorf liegt der Ursprung der Iller. Hier treffen sich die Quellflüsse Stillach, Trettach und Breitach. Im 8. Jahrhundert wird die Iller als „Hilaria" erwähnt. Im Laufe der Jahrhunderte wechselt der Flussname und heißt seit 1413 Iller. Von hier aus bahnt sie sich ihren Weg nach Norden und mündet nach 147 Kilometern und einem Höhenunterschied von 355 Metern bei Ulm in die Donau. Das Kunstwerk am Illerursprung wurde vom Oberstdorfer Künstler Walter Kalot geschaffen und symbolisiert die drei Quellflüsse.

Tourismusinformation siehe ab S. 159
Übernachtungsverzeichnis siehe ab S. 161

Blick zum Wertacher Hörnle.

Tour 03 Immenstadt – Großer Alpsee – Oberstaufen – Immenstadt

Vom Großen Alpsee über den Ochsenberg

42 km | 3:15 Std. | 256 hm | 256 hm

GPS-Koordinaten / Start
UTM Zone 32 x: 596.370 m y: 5.268.040 m

Startort: Immenstadt
Start/Ziel: Immenstadt, Bahnhof 732 m
Charakter: Dies ist tatsächlich eine „Ochsentour“ mit starken Anstiegen und Gefällen am Ochsenberg. Entlang des Alpsees radeln wir auf losem Untergrund, ebenso über die Jugetach vor Geratsried. Sonst ist unser Weg asphaltiert.
Verkehr: Mit Verkehr haben wir kaum zu rechnen. Eventuell mit etwas mehr Verkehr auf der Abfahrt von Missen nach Immenstadt.

Tipp: Zur Halbzeit der Radltour lädt das Erlebnisbad Aquaria in Oberstaufen zur Erfrischung ein.

Ausflugsziele / Sehenswürdigkeiten & Einkehrtipps siehe S. 37

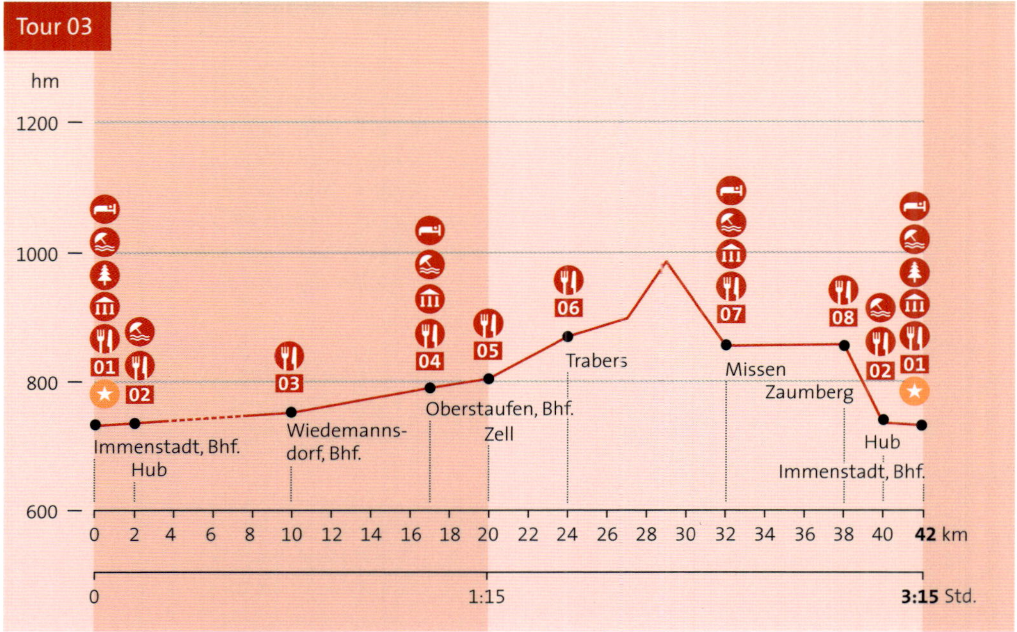

Immenstadt – Zell / 20 km / 1:15 Std.

Start Auf geht's zur Radtour die viel Kondition und ein gutes Mountainbike erfordert. Vom **Bahnhof** in **Immenstadt** C1 beginnen wir die Radtour nach links zum Kreisverkehr und halten uns nach rechts in die „Missener Straße". Wir radeln am nächsten Kreisel geradeaus über die Konstanzer Ach bis an den Abzweig zum **Freibad**. Hier biegen wir links ein und folgen der Straße „Am Kleinen Alpsee" zum **Ortsteil Hub** 02. An der Querstraße radeln wir halblinks in den „Trieblingser Weg" hinein und fahren an der Bahnlinie entlang bis zur Bahnunterführung zum **Strandbad am Großen Alpsee**. Jetzt radeln wir direkt am See entlang bis an den Weg nach **Reuter**. Hier wechseln wir auf die andere Seite der Bahnlinie und fahren gleich links nach **Bleichgut**. Der Fahrweg führt uns wieder über die Bahn an die Straße nach **Wiedemannsdorf** 03. Wir biegen nach rechts ein und fahren auf der Ortsdurchfahrt wieder über die Bahn nach **Salmas** und **Knechtenhofen**. Hier wartet das **Bauernhausmuseum** auf Besucher. Dahinter stoßen wir auf die Staatsstraße nach Kalzhofen.

Wer einen Abstecher zur **Sommerrodelbahn** Oberstaufen-Hündle machen möchte, der radelt erst halblinks und dann links unter der Straßenbrücke hindurch.

Wir setzen unsere Tour halblinks gegenüber fort nach **Hinterstaufen**, radeln unter der Bundesstraße hindurch nach **Bad Rain** zum Wirtshaus. Der Fahrweg führt dann weiter wieder unter der Bundesstraße hindurch nach **Oberstaufen** 04 hinein. Wir gelangen auf der „Rainwaldstraße" in die Ortsmitte zum „Kirchplatz". Hier halten wir uns rechts in die „Lindauer Straße" und folgen ihr über die Bahnbrücke aus Oberstaufen hinaus nach **Buflings**. Wir

biegen nach links ab und gleich wieder rechts nach **Zell** 05 zur Kirche.

Zell – Immenstadt / 22 km / 2:00 Std.

Hier wird der Weg schmal bis zur **Weißenbachmühle**. Ab hier folgen wir der Straße anhaltend stramm bergauf über **Mutten** nach **Trabers** 06. Hier können Sie eine Rast einlegen im Wirtshaus das linker Hand liegt. Sonst folgen wir der Straße Richtung Raschebergalpe. An der Wegekreuzung radeln wir geradeaus noch immer bergauf über den Steg der Jugetach hinauf nach **Geratsried**. Nun geht es weiter am Kälberberg hinauf nach **Wiederhofen**.

Jetzt haben wir den höchsten Punkt unserer Radtour erreicht. Ab hier geht es in Serpentinen hinunter nach **Missen** 07. An den Sportanlagen und dem Freibad erreichen wir die Staatsstraße. Wir biegen rechts ein und fol-

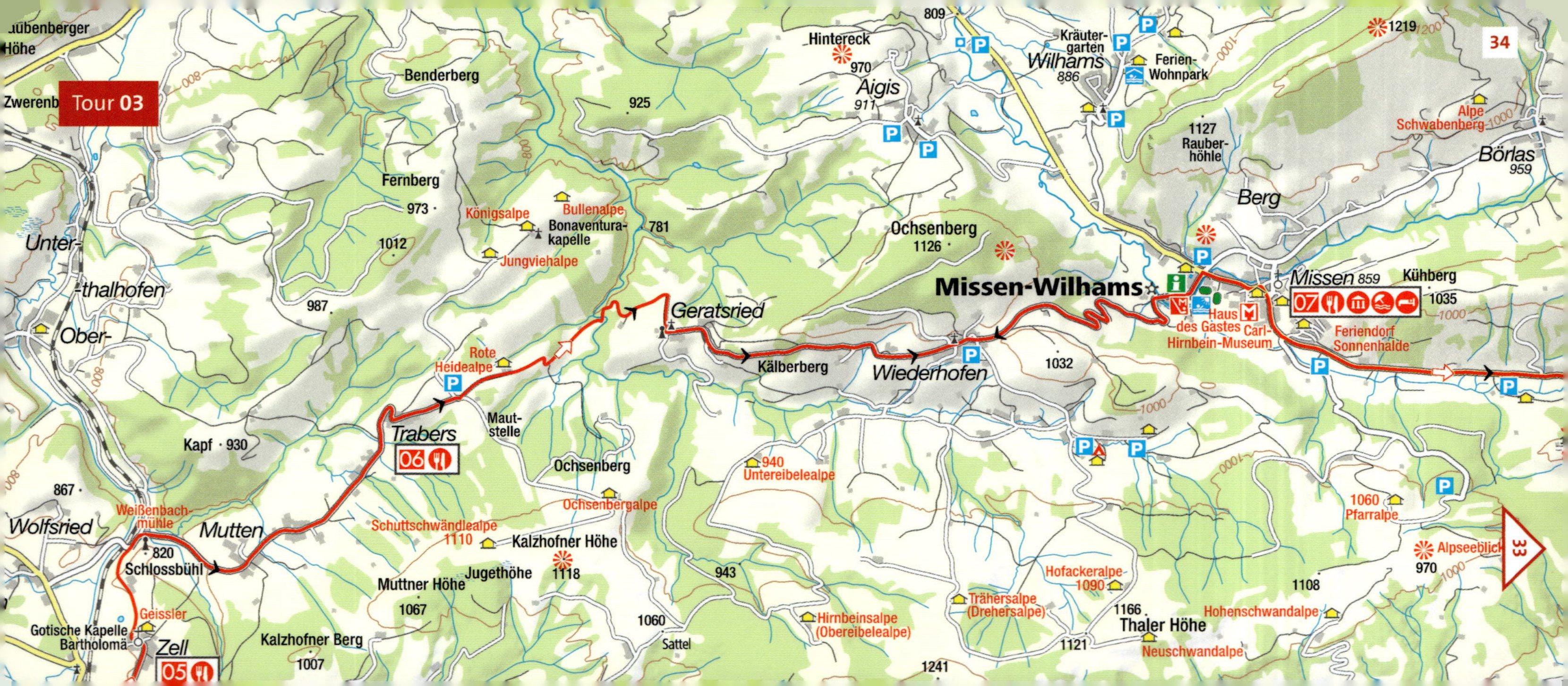
Tour 03
Benderberg
Hintereck
970
Aigis
911
Wilhams
886
Kräuter-garten
Ferien-Wohnpark
1219
Fernberg
973
Königsalpe
Bullenalpe
Bonaventura-kapelle
781
Unter-
-thalhofen
Ober-
1012
Jungviehalpe
987
Ochsenberg
1126
Missen-Wilhams
Missen 859
Kühberg
1035
07
Haus des Gastes
Carl-Hirnbein-Museum
Feriendorf Sonnenhalde
Berg
1127
Rauber-höhle
Alpe Schwabenberg
Börlas
959
Geratsried
Kälberberg
Wiederhofen
1032
Rote Heidealpe
Traber's
06
Maut-stelle
Ochsenberg
Kapf 930
867
Wolfsried
Weißenbach-mühle
Mutten
820
Schlossbühl
940
Untereibelealpe
Ochsenbergalpe
Schuttschwändlealpe
1110
Kalzhofner Höhe
1118
Jugethöhe
Muttner Höhe
1067
943
1060
Sattel
Kalzhofner Berg
1007
Geissler
Gotische Kapelle Bartholomä
Zell
05
Hirnbeinsalpe (Obereibelealpe)
Trähersalpe (Drehersalpe)
Hofackeralpe
1090
1166
Thaler Höhe
1121
Neuschwandalpe
1241
Hohenschwandalpe
1108
1060
Pfarralpe
Alpseeblick
970
33
925
809

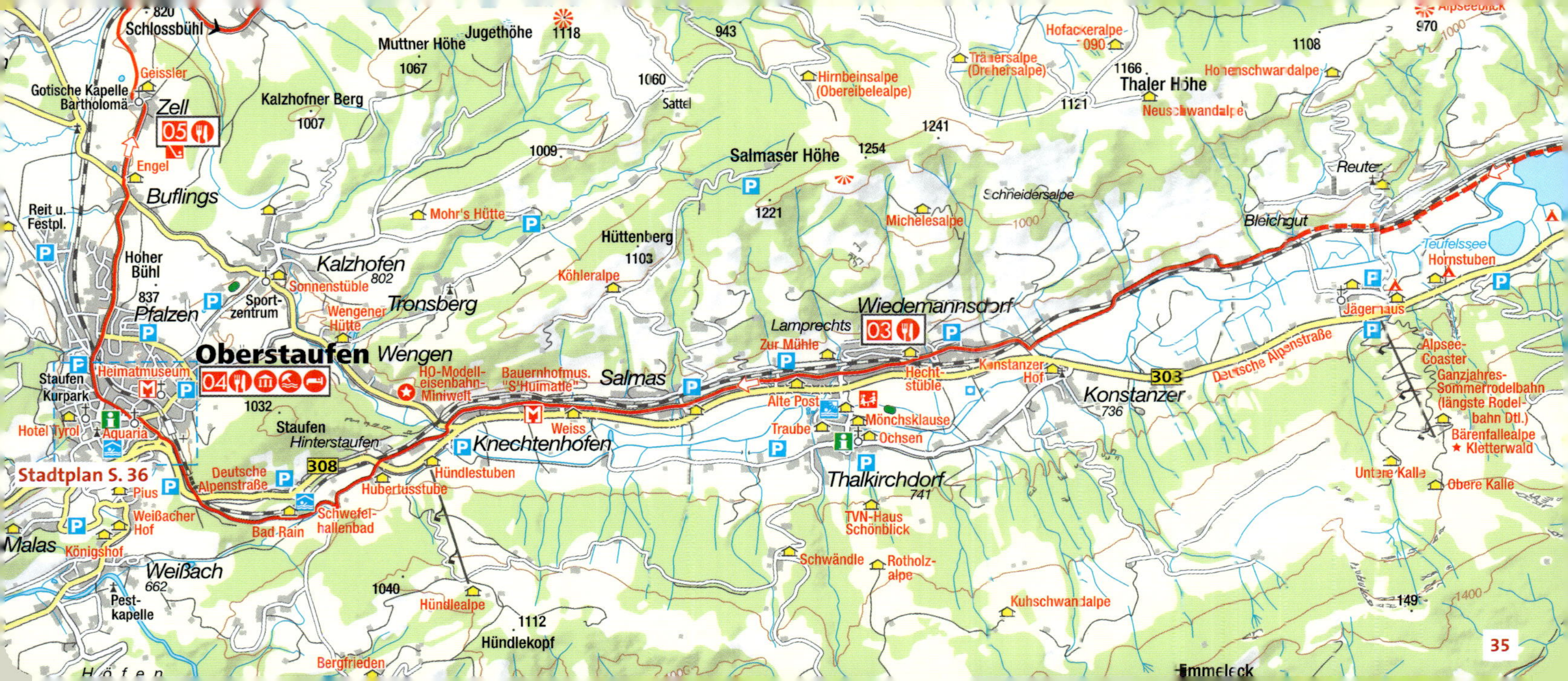

820
Schlossbühl
Jugethöhe
1118
Muttner Höhe
1067
943
Hofackeralpe
1090
Alpseeblick
970
1108
Geissler
Gotische Kapelle
Bartholomä
Zell
05
Kalzhofner Berg
1007
1060
Sattel
Hirnbeinsalpe
(Obereibelealpe)
Trauersalpe
(Drehersalpe)
1166
Thaler Höhe
1121
Hohenschwandalpe
Neuschwandalpe
1241
Engel
1009
Salmaser Höhe
1254
Reute
Buflings
1221
Schneidersalpe
Reit u.
Festpl.
Mohr's Hütte
Michelesalpe
1000
Hoher
Bühl
837
Hüttenberg
1103
Bleichgut
Teufelssee
Hornstuben
Kalzhofen
802
Sonnenstüble
Köhleralpe
Sport-
zentrum
Pfalzen
Tronsberg
Wengener
Hütte
Wiedemannsdorf
Lamprechts
03
Jägerhaus
Oberstaufen
Wengen
Zur Mühle
Deutsche Alpenstraße
Staufen
Kurpark
Heimatmuseum
04
HO-Modell-
eisenbahn-
Miniwelt
Bauernhofmus.
"S'Huimatle"
Salmas
Hecht-
stüble
Konstanzer
Hof
308
Alpsee-
Coaster
Ganzjahres-
Sommerrodelbahn
(längste Rodel-
bahn Dtl.)
1032
Alte Post
Konstanzer
736
Hotel Tyrol
Aquaria
Staufen
Hinterstaufen
Weiss
Knechtenhofen
Traube
Mönchsklause
Ochsen
Bärenfallealpe
Kletterwald
Stadtplan S. 36
Deutsche
Alpenstraße
308
Hündlestuben
Pius
Hubertusstube
Thalkirchdorf
741
Untere Kalle
Obere Kalle
Weißacher
Hof
Schwefel-
hallenbad
Bad Rain
TVN-Haus
Schönblick
Malas
Königshof
Schwändle
Rotholz-
alpe
Weißach
662
Pest-
kapelle
1040
Hündlealpe
Kuhschwandalpe
1491
1400
1112
Hündlekopf
Bergfrieden
Höfen
Immeleck

gen der Straße nach rechts durch das Tal des Stixnerbaches wieder leicht bergauf. An der Passhöhe wechseln wir von der Straße auf den Radweg mit losem Untergrund rechts der Straße und fahren auf ihm bis nach **Zaumberg** 08. Wir radeln nach Zaumberg hinein und halten uns nach der Kapelle links auf dem Weg zurück an die Staatsstraße. Der Weg führt uns weiterhin entlang der Straße nun vom Berg hinunter ins Tal.

Wir folgen ihm nach rechts zum **Ortsteil Hub** 02 und gelangen wieder an den „Trieblingser Weg“. Nach links schwenken wir ein, queren die breite Straße nach halblinks in die Straße „Am Kleinen Alpsee“, kommen wieder am **Freibad** vorbei und stoßen erneut auf die Staatsstraße. Hier biegen wir rechts ein und radeln nach Immenstadt hinein direkt auf den **Bahnhof** von **Immenstadt** 01 an der „Bahnhofstraße“ zu **Ziel**.

Immenstadt 01

Anfang des 14. Jahrhunderts rückte Immenstadt in das Licht der Welt. Im Jahre 1332 erwarb das englische Grafengeschlecht von Montfort die **Burg Rothenfels** sowie die Besitzungen dazu. Die Burgruine liegt auf einem Bergsporn nordwestlich von Immenstadt und ist frei zugänglich. Immenstadt erlangte zunehmend an Bedeutung durch den Salzstapel und seinen Leinwandhandel. Am „sandt marien magdalenentag“, dem 22. Juli 1360, wurde die Siedlung durch einen Erlass von Kaiser Karl IV. zur Stadt erhoben und das Recht zur Abhaltung von Märkten zugesprochen. Graf Heinrich von Montfort erhielt zudem das Geleitrecht auf der Straße zwischen Oberjoch und dem Bodensee. Die Bewohner der Stadt waren fortan „freie“ Leute und erfreuten sich des wirtschaftlichen Wohlstandes, den der Salzhandel mit sich brachte. Immenstadt lag an der Salzstraße von Hall in Tirol an den Bodensee und war Zoll-, Stapel- und Umschlagplatz des „Weißen Goldes“. Im Jahre 1567 veräußerten die Montforter die Stadt an die Freiherren von Königsegg. Erst der Dreißigjährige Krieg und die Pest, dann der Großbrand von 1844 führten zum Niedergang der Stadt. Einschneidende und auf Unmut stoßende Verwaltungsmaßnahmen der bayerischen Herrschaft

Großer Alpsee: Die Santa Maria Loreto im Hafen.

führten dazu, dass sich die Bauern aus Immenstadt und der Umgebung dem Tiroler Volksaufstand unter Andreas Hofer anschlossen. Sie wollten einen Anschluss an Österreich erzwingen. Die Erhebung gegen die Herrschaft wurde jedoch von zu wenigen Bauern getragen. Im August 1809 war der Volksaufstand im Allgäu gescheitert. Die neue Zeit hielt in Immenstadt mit der Eröffnung der Bahnlinie von Kempten nach Lindau im Jahre 1853 und der Erbauung einer mechanischen Bindfadenfabrik Einzug.

Heute profitiert die Stadt von der natürlichen Schönheit seiner Umgebung. Dazu gehören der **Große Alpsee** und der **Kleine Alpsee** mit vielfältigen Wassersportmöglichkeiten. Wer möchte, kann sogar eine Segelpartie auf der Santa Maria Loreto bei der Wassersportschule in Immenstadt buchen. Die Santa Maria Loreto ist ein Lastsegler. Dieser Schiffstyp wurde schon vor rund 500 Jahren für den Transport von Waren und Menschen auf dem Großen Alpsee eingesetzt und stammt ursprünglich vom Bodensee. Im alemannischen heißt der Rahsegler „Segner“ und sein großer Bruder „Lädi“, was soviel wie Last bedeutet.

Tourismusinformation siehe ab S. 159
Übernachtungsverzeichnis siehe ab S. 161

Tour 04 Immenstadt – Missen – Niedersonthofen – Immenstadt

Zum Hauchenberg hinauf

				GPS-Koordinaten / Start	
39 km	2:30 Std.	354 hm	354 hm	UTM Zone 32	x: 591.290 m y: 5.268.040 m

Startort: Immenstadt

Start/Ziel: Immenstadt, Bahnhof 732 m

Charakter: Eine Tour mit einigen starken Anstiegen von Immenstadt bis Diepholz und anschließend starken Gefällstrecken zum Niedersonthofener See. Alles auf asphaltierten Wegen und Straßen.

Verkehr: Mit mäßigem Verkehr ist nach Missen hinauf zu rechnen. Sonst ist der Verkehr sehr gering.

Tipp: Besuchen Sie das Bergbauernmuseum in Diepholz. Hier erfahren Sie vieles über die Milch- und Alpwirtschaft im Allgäu auf dem Sattlerhof.

Ausflugsziele / Sehenswürdigkeiten & Einkehrtipps siehe S. 45

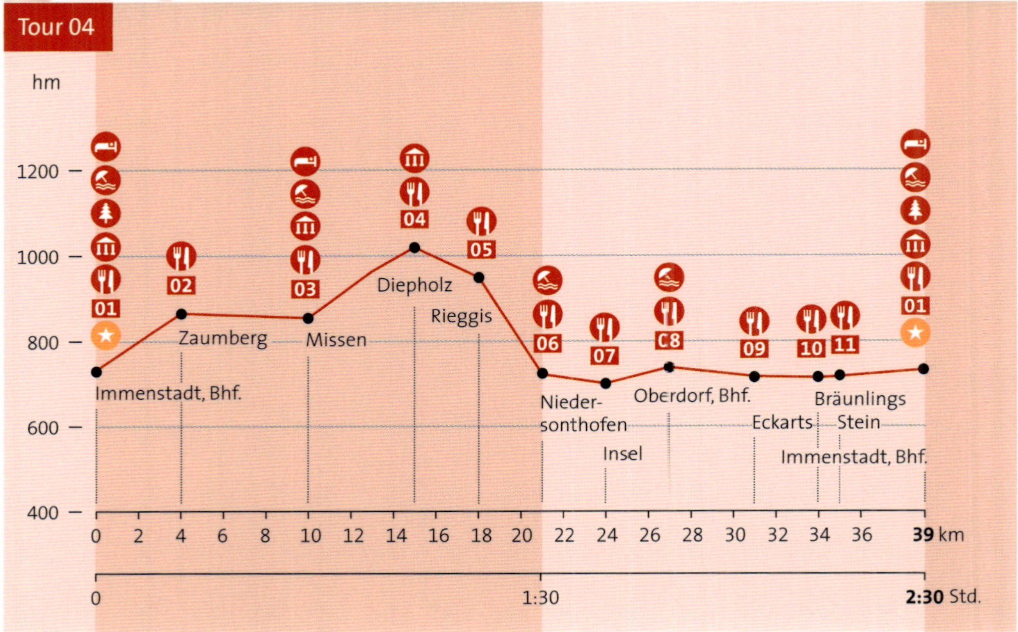

Immenstadt – Niedersonthofen / 21 km / 1:30 Std.

Start Auf geht's zum Hauchenberg. Der Höhenunterschied von rund 300 Metern erfordert doch einiges an Kondition. Wir starten am Bahnhof in **Immenstadt** 01 nach links zum Kreisverkehr. Hier halten wir uns rechts in die „Missener Straße" und radeln über den nächsten Kreisel zum Strandbad am **Kleinen Alpsee**. Zum Bad biegen wir vom Radweg an der Staatsstraße nach links durch die Unterführung ab zur Straße „Am Kleinen Alpsee" und radeln durch den **Ortsteil Hub**.

Wir queren die Ortsstraße „In der Hub" halblinks in den „Trieblingser Weg", fahren geradeaus und biegen dann rechts ab auf den Weg hinauf an die Staatsstraße. Hier geht es kräftig bergauf Richtung **Zaumberg** 02. Wir radeln auf dem separaten Weg neben der Straße nach

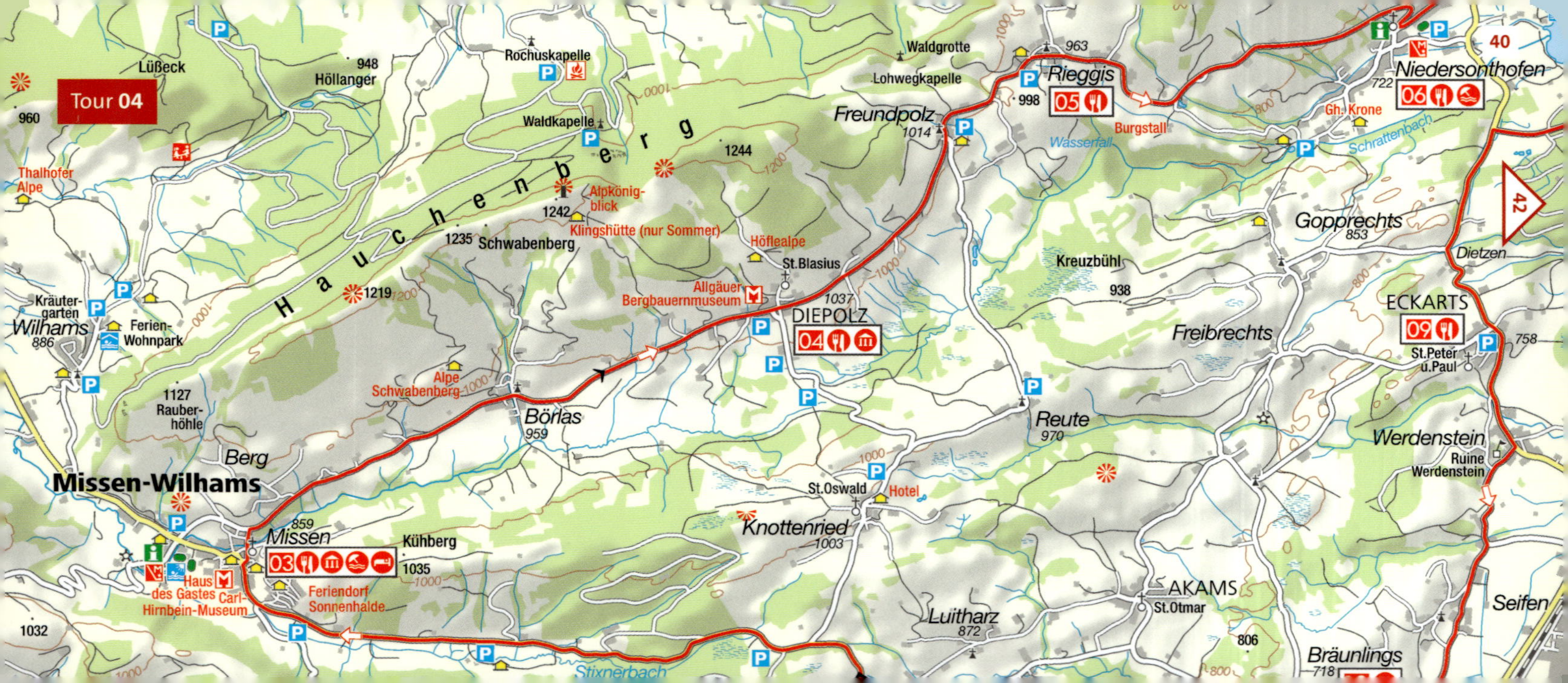
Tour 04
Lüßeck
960
948
Höllanger
Rochuskapelle
Waldgrotte
963
Lohwegkapelle
Rieggis
998
05
Niedersonthofen
722
06
Gh. Krone
Burgstall
Freundpolz
1014
Waldkapelle
Wasserfall
Schrattenbach
Hauchenberg
1244
Thalhofer Alpe
Alpkönigblick
1242
Klingshütte (nur Sommer)
1235
Schwabenberg
Höflealpe
Gopprechts
853
42
Dietzen
Kreuzbühl
938
St.Blasius
1219
Allgäuer Bergbauernmuseum
1037
DIEPOLZ
04
ECKARTS
09
Kräutergarten
Wilhams
886
Ferien-Wohnpark
Freibrechts
758
St.Peter u.Paul
Alpe Schwabenberg
1127
Rauberhöhle
Börlas
959
Reute
970
Werdenstein
Ruine Werdenstein
Berg
Missen-Wilhams
St.Oswald
Hotel
859
Missen
03
Kühberg
1035
Knottenried
1003
Haus des Gastes
Carl-Hirnbein-Museum
Feriendorf Sonnenhalde
AKAMS
St.Otmar
Seifen
1032
Luitharz
872
806
Stixnerbach
Bräunlings
718

Das Bergbauernmuseum in Diepholz.

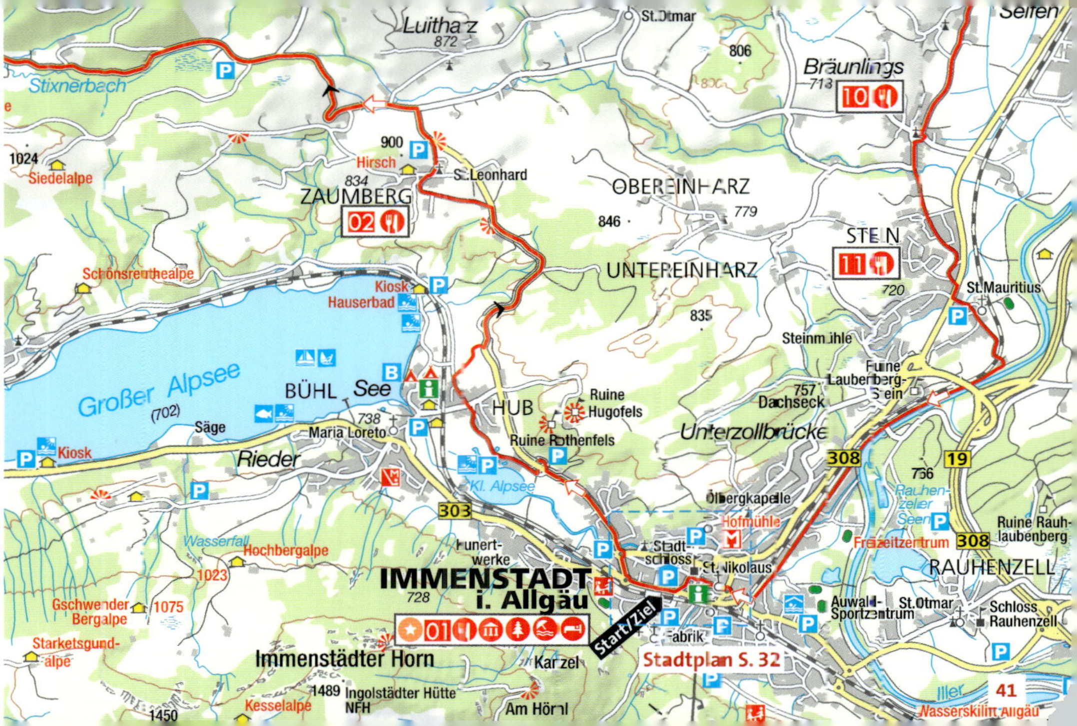

Zaumberg hinein und verlassen den Ort wieder, weiter auf separatem Weg zur Staatsstraße Richtung Missen.

Bald haben wir das **Hochtal des Stixnerbaches** erreicht und können etwas durchatmen. Wir radeln nach **Missen** **03** hinein zum Parkplatz an der Einmündung mit der „Dorfstraße". Ihr folgen wir nach rechts zum „Schulweg" und biegen auf ihn nach links ab hinauf zum Radweg an der **Kreisstraße**. Der Straße folgen wir nach rechts weiter bergauf über **Börlas** nach **Diepholz** **04**.

Hier können wir das **Allgäuer Bergbauernmuseum** besichtigen. Zudem haben wir den höchsten Punkt der Radtour erreicht. Wir folgen der Straße über **Freundpolz** nach **Rieggis** **05**. Ab hier rollen wir hinunter ins Tal nach **Niedersonthofen** **06**.

Niedersonthofen – Immenstadt / 18 km / 1:00 Std.

Kurz vor Niedersonthofen folgen wir der Kehre und steuern auf die **Kirche** zu. An ihr biegen wir links ab und halten uns rechts zur Kreisstraße. Hier radeln wir nach links, kommen am Wirtshaus vorbei und gelangen zum Strandbad am **Niedersonthofener See**. Ab hier führt uns der Radweg rechts neben der Straße nach **Zellen**. Hier biegen wir nach rechts ab auf den Weg zum Ufer des Sees und fahren zum **Weiler Insel** 07 mit Wirtshaus und Campingplatz. Wir queren die Zufahrtsstraße und fahren geradeaus und über den Steg am Bach, der den Oberinselsee mit dem Mitterinselsee verbindet. An der **Bahnlinie** biegen wir rechts ab und radeln am Strandbad und Wirtshaus bei Kurzberg entlang nach **Oberdorf** 08. Hier passieren wir den **Bahnhof Martinszell** und stoßen auf die „Bergstraße“. Nach links folgen wir ihr aus Oberdorf hinaus bis an die Kreisstraße. Wir biegen links ab und radeln über **Dietzen** und **Eckarts** 09 zur **Fleschermühle** in Werdenstein.

Niedersonthofener See.

Hier schwenken wir nach rechts ab und erreichen über **Gnadenberg Bräunlings** 10. Im Ort gelangen wir an die Ortsdurchfahrtsstraße, biegen links ab und sofort wieder rechts in die „Alpenstraße“. Ihr folgen wir dann rechts nach **Stein** 11. Die „Rottachbergstraße“ führt uns an die Kreisstraße, auf die wir nach rechts einbiegen. An der Kreuzung queren wir die Straße und radeln auf der Straße „Kirchbichl“ über die Bahnlinie hinunter an das **Ufer der Iller**.

Wir radeln auf dem Uferweg nach rechts der Bahn entlang bis an die Brücke über der Konstanzer Ach. Wir wechseln die Uferseite und biegen gleich rechts ab entlang der Ach bis vor die Bahngleise an der Straße „Im Stillen". Nach links folgen wir der Straße am **Krankenhaus** vorbei und biegen am „Hochraineweg" an der Bahnunterführung nach rechts ab. Hinter der Bahn biegen wir links ab auf den Weg entlang der Bahn und gelangen an die „Salzstraße". Wir biegen rechts ein und radeln über den Kreisel zum „Marienplatz" in die **Altstadt** von **Immenstadt**.

Ab hier folgen wir der „Bahnhofstraße" erst nach links und an der Durchgangsstraße dann nach rechts zum Bahnhof in **Immenstadt** **01** **Ziel**.

Immenstadt, Klosterplatz mit St. Josef

AUSFLUGSZIELE / SEHENSWÜRDIGKEITEN & EINKEHRTIPPS

Immenstadt 01

Wer nach Immenstadt in die historische Altstadt kommt, gelangt auf den **Marienplatz**, das Zentrum der Stadt am Großen Alpsee. Den Namen gab die Mariensäule mit dem Brunnen. Die Figuren zeigen die Gewerbezweige Alp-, Landwirtschaft und Handwerk.
Das **Stadtschloss** wurde 1550 erbaut und beherbergt heute die Touristinformation und das staatliche Vermessungsamt. Das ehemalige herrschaftliche Haus am Marienplatz wurde 1753 zum **Rathaus** umgebaut. Das Erdgeschoss diente als Schrannenhalle, während im ersten Stock die „Leinwandschau" beim Handel mit dem Leinen stattfand.

Die Fortsetzung des Marienplatzes ist der **Klosterplatz**. Er wird von der Klosterkirche St. Josef überragt, die zum ehemaligen Kapuzinerkloster gehörte. Die Pfarrkirche St. Nikolaus erwartet uns am Kirchplatz. Sie wurde 1275 geweiht. Vor rund 100 Jahren erhielt sie ihr heutiges Gesicht.

Nordwestlich von Immenstadt an unserer Radtour liegen die **Burgruinen Hugofels** und **Rothenfels**, die den Grafen von Montfort gehörten. Wer sie besichtigen möchte, radelt am Ortsteil Hub von der Staatsstraße rechts steil hinauf auf den Bergsporn.

Tourismusinformation siehe ab S. 159
Übernachtungsverzeichnis siehe ab S. 161

Immenstadt Marienplatz.

Tour 05 Immenstadt – Sulzberg – Rottachsee – Immenstadt

Rund um den Rottachberg

47 km	3:00 Std.	311 hm	311 hm

GPS-Koordinaten / Start
UTM Zone 32 x: 591.290 m y: 5.268.040 m

Startort: Immenstadt
Start/Ziel: Immenstadt, Bahnhof 732 m
Charakter: Wir radeln auf asphaltierten Wegen und Straßen mit einem starken Anstieg hinter Sulzberg. Am Ufer des Rottachsees fahren wir auf losem Untergrund.
Verkehr: In der Regel ist mit geringem Autoverkehr zu rechnen, da wir auch Radwege benutzen können.

Tipp: Seit über 100 Jahren bringen Milchbauern ihre Kannen mit Milch zur Sennerei in Untermaiselstein in die Freidorfer Straße. Sennereiführungen finden immer dienstags statt.

Ausflugsziele / Sehenswürdigkeiten & Einkehrtipps siehe S. 52

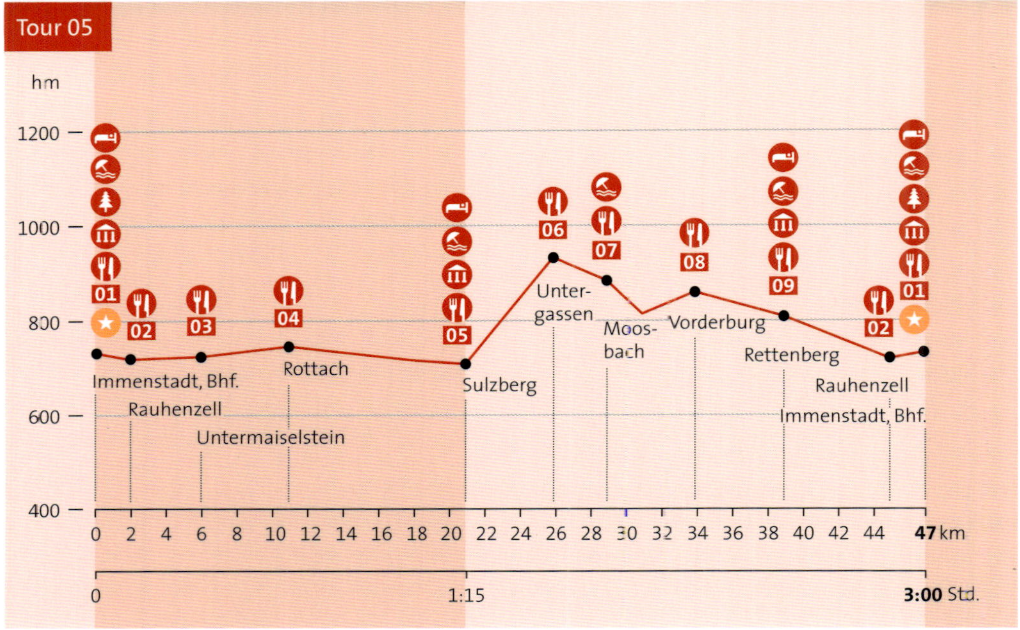

Immenstadt – Sulzberg / 21 km / 1:15 Std.

Start Wir beginnen unsere Radtour am **Bahnhof** von **Immenstadt** 01. Wir radeln auf der „Bahnhofstraße“ nach rechts und folgen ihr dann links in die **Altstadt** zum „Marienplatz“ und weiter zum „Kirchplatz“ am Kreisel. Gegenüber die „Salzstraße“ bringt uns an die Bahnlinie. Hier biegen wir links ab auf den Weg entlang der Bahn bis zur Unterführung, die links zum „Hochraineweg“ führt. Wir biegen ein und radeln über das Sportgelände zum Steg der die **Iller** überspannt und radeln hinüber. Hier halten wir uns rechts und gelangen an die Kreisstraße. Nach links biegen wir ab auf den Weg der uns zur „Rettenberger Straße“ bringt. Auf ihr fahren wir durch **Rauhenzell** 02 über die Bundesstraße und biegen jenseits der Brücke nach links ab an die Kreisstraße mit der Anschlussstelle. Wir queren die Straße und fahren auf dem parallel geführten Radweg nach **Untermaiselstein** 03. An der Kreuzung im Ort halten wir uns geradeaus in die „Weidachstraße“ und radeln nach **Freidorf**. Hier stoßen wir auf die „Dorfstraße“, radeln hinüber in die „Humbacher Straße“ und gelangen an die Kreisstraße. Wir biegen links ein und fahren durch **Humbach**, passieren **Gindels** und erreichen **Rottach**. Auf der Ortsdurchfahrtsstraße fahren wir durch **Rottach** 04 zur **Rottachmühle** an der Rottach. Wir biegen links ab und fahren nach **Häusern**. Vor der Iller schwenken wir nach rechts ab auf die Straße, die uns an **Weidach** vorbei über **Widdum** nach **Ried** führt. Weiter geradeaus erreichen wir **Hub**, **Burgratz** und fahren nach **Sulzberg** 05 hinein.

Sulzberg – Immenstadt / 26 km / 1:45 Std.

In der „Martinszeller Straße“ radeln wir auf die „Sonthofener Straße“ zu und biegen links ein. An der Kirche schwenken wir nach rechts ab in die „Jodbadstraße“ und fahren nach **Aleuthe**. Im Ort halten wir uns rechts nach **Unter'm Buch** und radeln hinauf an die Kreisstraße. Hier geht es im spitzen Winkel rechts nach **Hinter'm Buch** und **Untergassen** 06. Wir fahren durch den Ort und schwenken am großen Baum links nach Untermoos ab. In **Untermoos** halten wir uns rechts und biegen hinter dem Ort links ab hinunter an den **Rottachsee** zum Strandbad. Wir radeln am Bad vorbei und biegen hinter der Brücke links ab an das Seeufer. Der Weg bringt uns nach **Moosbach** 07. An den Häusern am Seeufer fahren wir noch vorbei um gleich dahinter links zum Strandbad abzubiegen. Hier stoßen wir auf die Straße nach Moosbach, biegen aber nach links ein und radeln dann über die **Staumauer des Rottachsees** zur Kreisstraße. Wir biegen rechts ab und gelangen an die **Greifenmühle**. Hier heißt es nach links abbiegen. Über **Rieder**, **Großdorf**, **Vorderburg** 08 und **Emmereis** erreichen wir **Engelpolz**. Hier biegen wir rechts ab nach **Sterklis** und radeln nach **Rettenberg** 09 hinein. Wir stoßen in der Ortsmitte auf die „Kranzegger Straße“, biegen rechts ein und folgen der Ortsdurchfahrt aus Rettenberg hinaus. Ab dem Ortsende benutzen wir den Radweg links der Straße Richtung Immenstadt. Am Kreisel halten wir uns geradeaus weiter nach Immenstadt bis an die **Anschlussstelle zur Bundesstraße**. Hier unterfahren wir die Straße und halten uns dann links bis zur Straßenbrücke die uns hinüber nach **Rauhenzell** 02 führt. Wir fahren wieder auf der „Rettenberger Straße“ durch Rauhenzell bis an die Staatsstraße, halten uns rechts und biegen dann scharf rechts ab auf den Weg der uns zum **Steg über die Iller** bringt.

Gegenüber im Sportgelände setzen wir die Tour fort, gelangen an den „Hochraineweg“ und folgen ihm rechts zur Bahnunterführung. Hinter der Bahn biegen wir links ab auf den Weg ent-

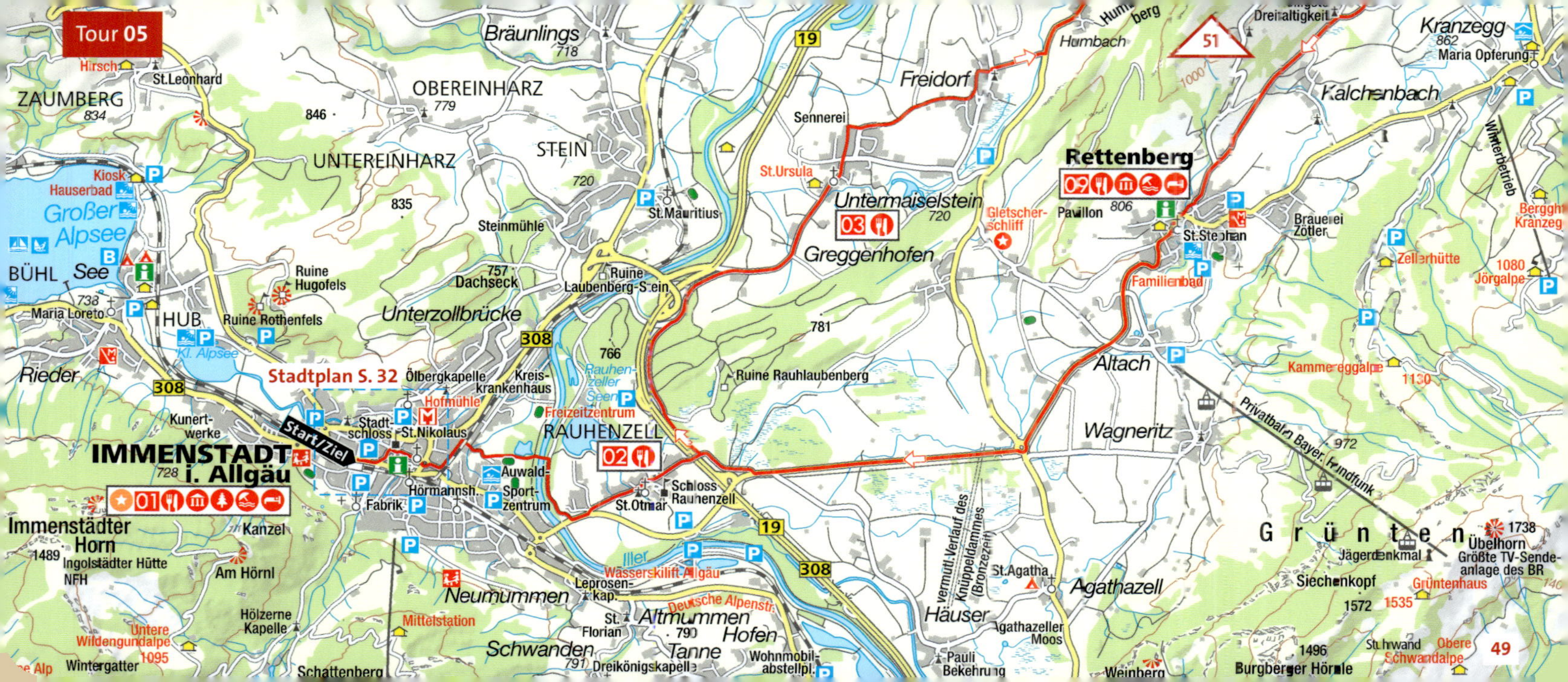
Hirsch
St.Leonhard
ZAUMBERG
834
Bräunlings
718
OBEREINHARZ
779
846
UNTEREINHARZ
STEIN
720
835
Kiosk
Hauserbad
Großer Alpsee
BÜHL
See
738
Maria Loreto
HUB
Kl. Alpsee
Rieder
308
Ruine Hugofels
Ruine Rothenfels
Steinmühle
757
Dachseck
Unterzollbrücke
Ruine Laubenberg-Stein
St.Mauritius
19
Sennerei
Freidorf
Humbach
Humberg
Dreifaltigkeit
51
1000
Kranzegg
862
Maria Opferung
Kalchenbach
St.Ursula
Untermaiselstein
03
720
Greggenhofen
781
Gletscherschliff
Rettenberg
09
806
Pavillon
St.Stephan
Brauerei Zötler
Familienbad
Zellerhütte
1080
Jörgalpe
Berghütte Kranzegg
Winterbetrieb
Altach
Kammereggalpe
1130
Wagneritz
972
Privatbahn Bayer. Rundfunk
Ruine Rauhlaubenberg
766
Rauhenzeller Seen
Freizeitzentrum
RAUHENZELL
02
Schloss Rauhenzell
St.Otmar
Stadtplan S. 32
Ölbergkapelle
Kreiskrankenhaus
Hofmühle
Stadtschloss
St.Nikolaus
Start/Ziel
Kunertwerke
IMMENSTADT i. Allgäu
728
01
Hörmannsh.
Fabrik
Auwald-
Sportzentrum
Immenstädter Horn
1489
Ingolstädter Hütte NFH
Kanzel
Am Hörnl
Iller
Wasserskilift Allgäu
Neumummen
Leprosenkap.
Deutsche Alpenstr.
Hölzerne Kapelle
Mittelstation
Untere Wildengundalpe
1095
Wintergatter
St. Florian
Altmummen
790
Hofen
Tanne
Schwanden
791
Dreikönigskapelle
Schattenberg
Wohnmobilabstellpl.
vermutl. Verlauf des Knüppeldammes (Bronzezeit)
St.Agatha
Agathazell
Häuser
Agathazeller Moos
Pauli Bekehrung
Grünten
1738
Übelhorn
Größte TV-Sendeanlage des BR
Jägerdenkmal
Siechenkopf
1572
Grüntenhaus
1535
1496
Stuhlwand
Obere Schwandalpe
Weinberg
Burgberger Hörnle

Tour 05
Waltenhofen
Rauns
Grotte
765
752
Wachters
Memhölz
Unt. Inselsee
Mittlerer Inselsee
Oberer Inselsee
19
Martinszell
Oberdorf
Widdum
716
Moos
Ried
Hub
Loja-Kapelle
693
Burgratz
Ruine Sulzberg
Sulzberg
712
05
Aleuthe
Unter'm Buch
Hinter'm Buch
Zollhaus Petersthal
Kesselsee
Untergassen
06
Wassersport-Sperrzone
Untermoos
Steinkreuz-Findling
Wasserwacht
Moosbach
07
Grotte
Keltische Fliehburg
800
Ottacker
Pestfriedhof
Wolfarts
Riedis
Rottachsee
Freizeitgelände
Wasserwacht
Slipanlage
Slipanlage
Freizeit-anlage
Pest-friedhof
Petersthal
872
Löwen
Ruine Tobelweg
Burgkranzegg
Rukatstobel
859
1150
Burgkranzegger Horn
Bruder-Klaus Kapelle
Mariengrotte mit Kreuzweg

lang der Bahn und gelangen an die „Salzstraße". Wir biegen rechts ein und radeln über den Kreisel zum „Marienplatz" in die **Altstadt von Immenstadt**. Ab hier folgen wir der „Bahnhofstraße" erst nach links und an der Durchgangsstraße nach rechts zum **Bahnhof** von **Immenstadt** 01 **Ziel**.

Der Rottachsee

Er ist einer der jüngsten Stauseen Bayerns. Erst seit dem Jahr 1992 wird sein Wasser aufgestaut und sorgt für einen Wasserausgleich von der Iller bis zur Donau. Wie seine „Nachbarn" ist auch er ein Kind der jüngsten Eiszeit und durch die abschmelzenden Gletscher entstanden. Unterhalb der Staumauer führt die Rottach ganz kontrolliert das Wasser in die Iller. Inzwischen ist der Rottachsee zu einem beliebten Wassersportparadies geworden.

AUSFLUGSZIELE / SEHENSWÜRDIGKEITEN & EINKEHRTIPPS

Sulzberg 05

Von Burgratz aus kommend liegt vor Sulzberg die Burgruine Sulzberg. In der Ruine ist ein kleines aber feines Burgmuseum eingerichtet worden.

Jodbad Sulzbrunn

Die wohl ältesten Heilquellen des Allgäus liegen in der Marktgemeinde Sulzberg bei Sulzbrunn. Das „salzhaltige Wasser“ wurde von Wildschweinen als Tränke genutzt und von den Menschen entdeckt. In der Kaiserurkunde aus dem Jahre 1059 wurde die Wildbanngrenze am „Berg mit dem salzhaltigen Wasser“ als Sulzeberch bezeichnet und als Grenzlinie festgelegt. Viel später, so um 1837 lauten die Erzählungen, sei ein Gastwirt aus Oberzollhaus vom Trinken des Wassers von einem mächtigen Kropf geheilt worden. Daraufhin untersuchte man das Wasser und stellte einen hohen Jodgehalt bei gleichzeitigem niedrigen Bromanteil fest. Im Jahre 1838 wurde die Hauptquelle gefasst und mit dem Namen „Römerquelle“ versehen. Zwei Jahre später kam das Wasser abgefüllt in Flaschen in den Verkauf. 1872 wurde ein Patientenhaus errichtet, umgeben von einem Kurpark. Bis zum 2. Weltkrieg wurde das Jodbad Sulzbrunn von der Jodquellen AG Bad Tölz betrieben. Der Kurbetrieb kam dann zum Erliegen.

Petersthal, Bad am Rottachsee.

Geheimnisvolles liegt auf unserer Radtour

Auf dem Felde bei Ried so lautet die Sage, scharrte eine Wildsau ein goldenes Kreuz mit dem Bildnis des Gekreuzigten aus dem Boden. Man nahm das Kreuz in Ehren auf und band es zwei zusammengejochten Ochsen auf die Hörner. Wo diese stehen blieben wollte man ein Kirchlein bauen und das Kreuz zur Verehrung aufstellen. Die Tiere trugen es bis zu der Stelle, wo sich heute in Ried die Kirche befindet, die ihre Entstehung diesem Umstand verdankt. Mehrmals soll man versucht haben, das Kreuz in anderen Kirchen aufzustellen. Jedesmal sei es dann nachts nach Ried zurückgekehrt. Vor etwa 50 Jahren soll das Kreuz längere Zeit verschollen gewesen sein. Da habe bei Wiggensbach ein Hirtenbub einen Geißenstecken schneiden wollen und fand im Moose etwas goldig Glänzendes. Da ist der Bub heimgesprungen und hat den Bauern herbeigeholt. Dieser brachte ein Kreuz zu Tage, das man als das Rieder Kreuz erkannte. Man brachte es in Ehren zurück nach Ried, wo es heute auf einem Stängelchen befestigt zu sehen ist.

Tourismusinformation siehe ab S. 159
Übernachtungsverzeichnis siehe ab S. 161

Der Rottachsee.

Tour 06 Sonthofen – Burgberg – Rettenberg – Sonthofen

Die Grüntentour

42 km	3:00 Std.	398 hm	398 hm

GPS-Koordinaten / Start
UTM Zone 32 x: 595.830 m y: 5.263.010 m

Startort: Sonthofen
Start/Ziel: Sonthofen, Bahnhof 739 m
Charakter: Wir radeln auf asphaltierten Straßen und Wegen ohne nennenswerte Steigung an den Rottachsee. Ab hier geht es mit starken Anstiegen nach Binzeler hinauf in die Schlucht der Starzlach. Weiterhin auf asphaltierten Wegen.
Verkehr: Mit geringem Verkehr haben wir bis nach Petersthal zu rechnen und dann ab Burgberg wieder.

Tipp: Ein toller Ausflug ist der Besuch der „Erzgruben-Erlebniswelt am Grünten" in Burgberg. Mit dem Erzgrubenbähnle geht es hinauf zum Museumsdorf.

Ausflugsziele / Sehenswürdigkeiten & Einkehrtipps siehe S. 61

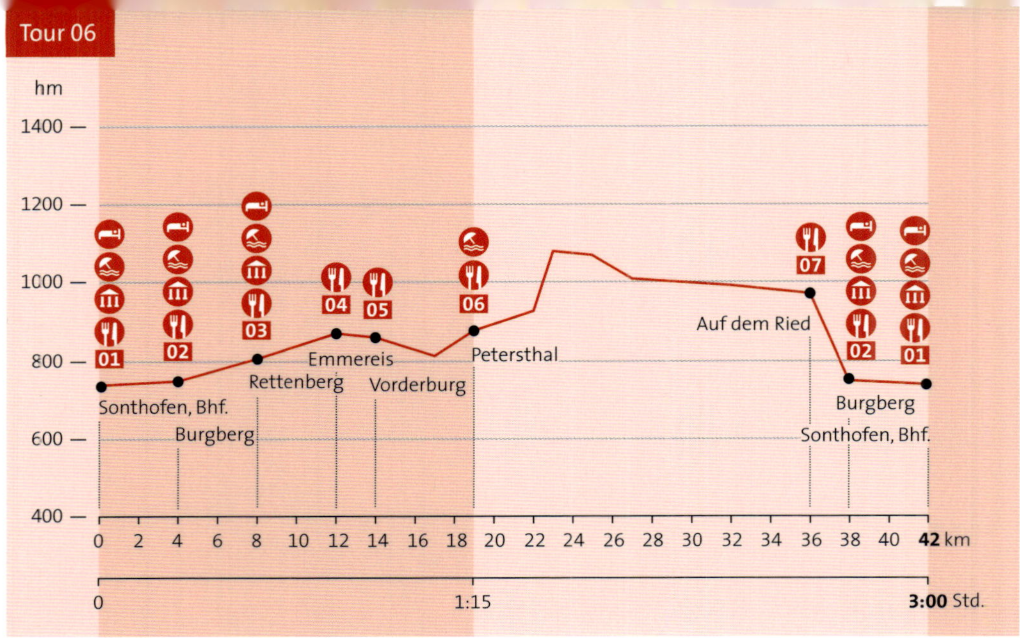

Sonthofen – Petersthal / 19 km / 1:15 Std.

Start Der „Bahnhofplatz“ vor dem **Bahnhof von Sonthofen** 01 ist unser Ausgangspunkt zur Grüntentour. Wir radeln durch die „Bahnhofstraße“ in die „Hirschstraße“ zur **Altstadt** von Sonthofen. Hier stoßen wir auf die „Grüntenstraße“ und biegen nach links ab. Wir folgen ihr über die Bundesstraße, der Brücke über die **Iller** aus Sonthofen hinaus Richtung **Burgberg** 02. Am Ortsende von Sonthofen radeln wir auf dem Radweg rechts der Straße bis nach Burgberg. Hier fahren wir auf der „Sonthofener Straße“ zur Ortsmitte und weiter geradeaus in die „Rettenberger Straße“ Richtung Agathazell. Hinter dem Steinbruch am Weinberg biegen wir nach etwa 300 Metern rechts ab auf den Fahrweg nach **Wagneritz**. Wir radeln durch den Ort nach **Altach**. Hier biegen wir rechts ab auf den Weg über **Bichel** nach Retterberg. Auf dem „Bichelweg“ erreichen wir

Tour 06
Rettenberg
03
Kranzegg
Maria Opferung
Kalchenbach
Sterklis
Heiligste Dreifaltigkeit
1115 (Falkenstein)
Humbacher Berg
Freidorf
Untermaiselstein
720
806
Gletscher-schliff
St.Stephan
Brauerei Zötler
Familienbad
Greggenhofen
Bichel
Altach
Wagneritz
Privatbahn Bayer. Rundfunk
972
Agathazell
St.Agatha
mutl. Verlauf des üppeldammes (Bronzezeit)
Grünten
1738
Übelhorn
Größte TV-Sendeanlage des BR
Jägerdenkmal
Siechenkopf
1572
Grüntenhaus
1535
1372
1314
Kammereggalpe 1130
Zellerhütte
1080 Jörgalpe
Winterbetrieb
Bergghf. Kranzegg
beleuchtete Rodelbahn
Grüntenhütte 1477
1497
Gigglstein
Herzlesstein
Roßberg
Neumayeralpe
Breitensteiner Berg
Gehringsberg
Hiemersberg
Metzeberg-alpe
Mooshütte
Hang-und Sattelmoor
1041
Starzlach
Drachenbrunnen
Kühberg
1290
Untere Bichleralpe
Burgerschlägalpe (Vorderburgalpe)
Geiß-brünnl
Wertacher Starzlach
1318
Vordere Köllealpe
(Willersalpe)
Waldspielplatz
1123
Sattelgschwand
1176
1244
Fallenberg-hütte
Hintere Köllealpe (Sattelhütte)
Geißrücken
1220
1146
Langengschwand
Dreiangelhütte 989
Stuhlbach
1695
1585
Starzlachber
Alpe Schnitzlerta 1440
1000
1400
59
19
56

Rettenberg 03 und kommen am Freibad und den Sportanlagen vorbei an die „Kranzberger Straße". Halblinks gegenüber setzen wir die Tour fort im „Kalchenbachweg", von dem wir sofort nach links auf die Straße nach **Sterklis** abbiegen. Der Straße folgen wir nach Engelpolz. An der Kreisstraße biegen wir links ab, radeln durch **Engelpolz** nach **Emmereis** 04 und weiter durch **Vorderburg** 05 nach **Großdorf**. An **Rieder** vorbei gelangen wir zur **Greifenmühle**. Vor der Brücke über die Rottach biegen wir rechts ab und erreichen das Ufer des **Rottachsees**. Mit einem Anstieg erreichen wir die nächste Ortschaft, **Petersthal** 06.

Petersthal – Sonthofen / 23 km / 1:45 Std.

Nach der Kirche biegen wir rechts in die „Burgstraße" ein und folgen in der Kurve der „Schachenstraße" aus Petersthal hinaus Richtung Holz. Am Abzweig nach Schwanden halten wir

Petersthal, St. Peter und Paul.

uns rechts und erreichen **Vorder-, Mittel- und Hinterholz**. Ab hier müssen wir nun kräftig in die Pedale treten und einige Gänge runter schalten. Bis nach **Binzeler** überwinden wir rund 150 Höhenmeter. Oben angekommen halten wir uns rechts nach **Brosisellegg**. Leicht bergab erreichen wir die Kreisstraße. Hier hal-

Sonthofen Gasthaus.

ten wir uns links, kommen an Hiemersberg vorbei und biegen an der Straße rechts ab hinauf in das **Tal der Wertacher Starzlach**. Wir folgen der Wertacher Starzlach, radeln am **Abzweig zur Fallenberghütte** geradeaus und fahren weiterhin am Bach entlang bergauf. An der Weggabelung halten wir uns rechts Richtung Dreiangelhütte und haben nun die Wasserscheide überschritten. Ab hier radeln wir an der Starzlach entlang durch ihr wildes Tal bergab. Nach der **Dreiangelhütte** radeln wir über die Brücke der Starzlach und erreichen das **Freilichtmuseum Knappendorf-Burgberg**, etwas später das Wirtshaus im Weiler **Auf dem Ried** 07. Hier wird unser Weg zur Straße, auf der wir nach Burgberg hinunter rollen. In der „Grüntenstraße" gelangen wir zur Ortsmitte von **Burgberg** 02. Hier biegen wir links ab und radeln auf der „Sonthofener Straße" aus Burgberg hinaus. Wir benutzen den Radweg links der Straße und erreichen die Brücke an der **Iller**. Ab hier radeln wir auf der „Grüntenstraße" über die Bundesstraße in die **Altstadt von Sonthofen**. An der „Hirschstraße" neben der Kirche biegen wir rechts ab und fahren nun geradeaus direkt auf den **Bahnhof von Sonthofen** 01 zu. Wir haben unser Ziel erreicht **Ziel**.

Sonthofen Fußgängerzone.

AUSFLUGSZIELE / SEHENSWÜRDIGKEITEN & EINKEHRTIPPS

Burgberg 02

Ein Naturerlebnis besonderer Art ist die **Starzlachklamm**. Die wildromantische Schlucht ist vom Ortsteil Winkel aus zu begehen. Zwischen dem Grünten und dem Wertacher Horn in 1070 Metern Höhe entspringt die Starzlach und wird von zahlreichen Rinnsalen gespeist. Seit Jahrtausenden sucht sich dieser Gebirgsbach seinen Weg über Felsabstürze und zwängt sich durch kesselförmige Wassermühlen durch die Klamm.

Unterhalb vom „Wächter des Allgäus", dem Grünten, liegt das **Museumsdorf „Erzgruben Erlebniswelt am Grünten"** in der Gemeinde Burgberg. Mit dem Erzbähnle geht es von den Parkplätzen am Steinbruch hinauf zum Museumsdorf. Hier oben können die Besucher jahrhundertealte Stollen besichtigen und in die Welt der Knappen eintauchen. Im Museumshaus wird die Geschichte des Burgberger Erzbergbaues anschaulich erzählt. Ein weiterer Bereich ist der Verhüttung des Eisenerzes gewidmet. Hier steht auch eine originalgetreue Schauschmiede, in der an Aktionstagen tatsächlich geschmiedet wird. Für das Schmiedefeuer wird Holz aus der Umgebung in aufgestellten Meilern zu Holzkohle verbrannt. Der Bergbau am Grünten begann schon im Mittelalter. Hier lagen die einzigen Erzvorkommen in weitem Umkreis. Etwa 200 Jahre lang wurde hier Erz abgebaut bis 1856 das Aus kam. Mit dem Preis und der Qualität anderer Gruben konnte hier nicht mitgehalten werden. So verloren 150 Bergleute ihre Arbeit.

Altach gegen Grünten.

Der Grünten
Bereits im Mittelalter wurde der Grünten bestiegen. Von Einheimischen wie auch von Herrschaften. So wird über den Augsburger Fürstbischof Clemens Wenzeslaus berichtet, dass er sich 1773 von 56 Bauern in einem gepolsterten Tragesessel auf den Gipfel tragen ließ. Der höchste Gipfel des Grünten ist das Übelhorn mit 1738 m Höhe. Zwei markante Bauwerke bestimmen den Gipfelbereich. Es ist einmal das Denkmal für gefallene Gebirgsjäger und der Sendemast des Bayerischen Rundfunks. Mit der Grüntenbahn erreicht man von Rettenberg-Altach aus das Gipfelhaus des Grünten. Achtung: Eingeschränkter öffentl. Betrieb!

Zum **Berggasthof** muss man noch ein Stück weit zu Fuß gehen. Bereits 1852 wurde das Grüntenhaus von Carl Hirnbein im „Gebirgsstyle" errichtet. Das Baumaterial wurde von Trägern und Tragtieren zur Baustelle geschafft. Neben der Restauration mit Übernachtungsmöglichkeit wurden Stallungen und eine Käserei errichtet. Für seine Gäste schuf er die Möglichkeit von Burgberg aus auf den Grünten „zu reiten". Auf Maultieren erreichten sie das „Hotel".

Tourismusinformation siehe ab S. 159
Übernachtungsverzeichnis siehe ab S. 161

Tour 07 Nesselwang – Wertach – Oy-Mittelberg – Nesselwang

Die große Seenrunde

42 km | 3:00 Std. | 133 hm | 133 hm

GPS-Koordinaten / Start
UTM Zone 32 x: 613.050 m y: 5.275.610 m

Startort: Nesselwang

Start/Ziel: Nesselwang, Bahnhof 861 m

Charakter: Wir radeln auf asphaltierten Straßen und Wegen zum Grüntensee und zum Rottachsee. Zwischen den beiden Seen müssen wir einen Bergrücken mit kurzen Steigungen überqueren.

Verkehr: Mit Verkehr haben wir um Oberzollhaus zu rechnen sowie in Nesselwang und Wertach.

Tipp: In Haslach am Grüntensee können Sie im Hochseilgarten ihre Kletterkünste unter Beweis stellen. Direkt am See mit Badeplatz.

Ausflugsziele / Sehenswürdigkeiten & Einkehrtipps siehe S. 68/69

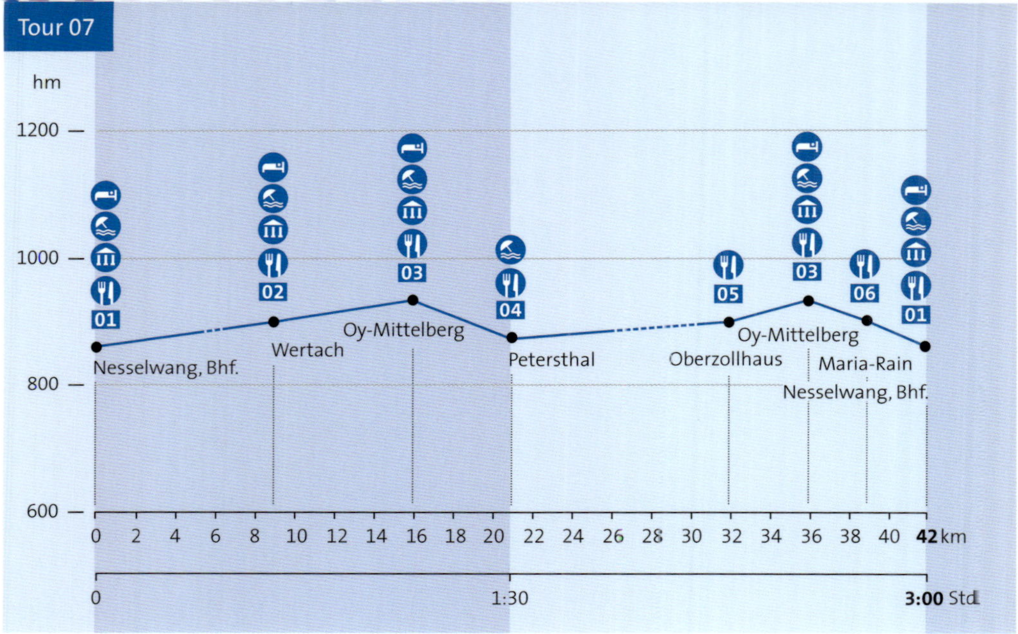

Nesselwang – Petersthal / 21 km / 1:30 Std.

Start Zur Seenrunde starten wir am **Bahnhof Nesselwang** 01. Wir radeln die „Bahnhofstraße“ links hinunter an die „Marktoberdorfer Straße“. Durch die Bahnunterführung fahren wir zur **Ortsmitte** an die „Hauptstraße“. Ihr folgen wir nach links bis an die „Römerstraße“, in die wir nach links einbiegen. Ihr folgen wir an die „Reichenberger Straße“. Die Straße queren wir nach rechts an die Bundesstraße auf den Weg der parallel zur Straße geführt ist. Auf ihm radeln wir bis nach **Gschwend**. Hier schwenken wir links ab in den Ort hinein und dann hinunter zur Straßenbrücke an der **Wertach**. Wir bleiben auf dieser Uferseite und fahren entlang der Wertach zur Staumauer des **Grüntensees**. Auch hier bleiben wir auf dieser Seeseite und radeln nun auf dem schmalen Weg entlang des Ufers und später hinauf zur **Buron Alp** an der Kreisstraße. Ab hier benutzen wir wieder den Radweg entlang der

309
975
Klotzerbichel
Blausee
7
E532
Zollhaus
Petersthal
Oberzollhaus
05
Unterschwarzenberg
Etzweidbüchel
897
Kesselsee
Schwarzenberger
Weiher
309
Wasenmühle
Pottach
137
Oy-Mittelberg
Sennenbach
Bachtel
927
Schönwalder
Weiher
Sticher Weiher
Kressen
Wasserwacht
Haag
Oy-
Mittelberg
Oy
Pestfriedhof
St. Anna
Oy-
Mittelberg
7
Bruder-Klaus-
Kapelle
Mariengrotte
mit Kreuzweg
03
Kurhaus
309
Guggemoos
Maria Rain
06
E532
959
Nesselwang
138
Memersch
1099
Mittelberg
Rose
Almcafe
Schnackenhöhe
872
Petersthal
Faistenoyerbach
Hochgebirgsklinik
310
Nieder-
Lachen

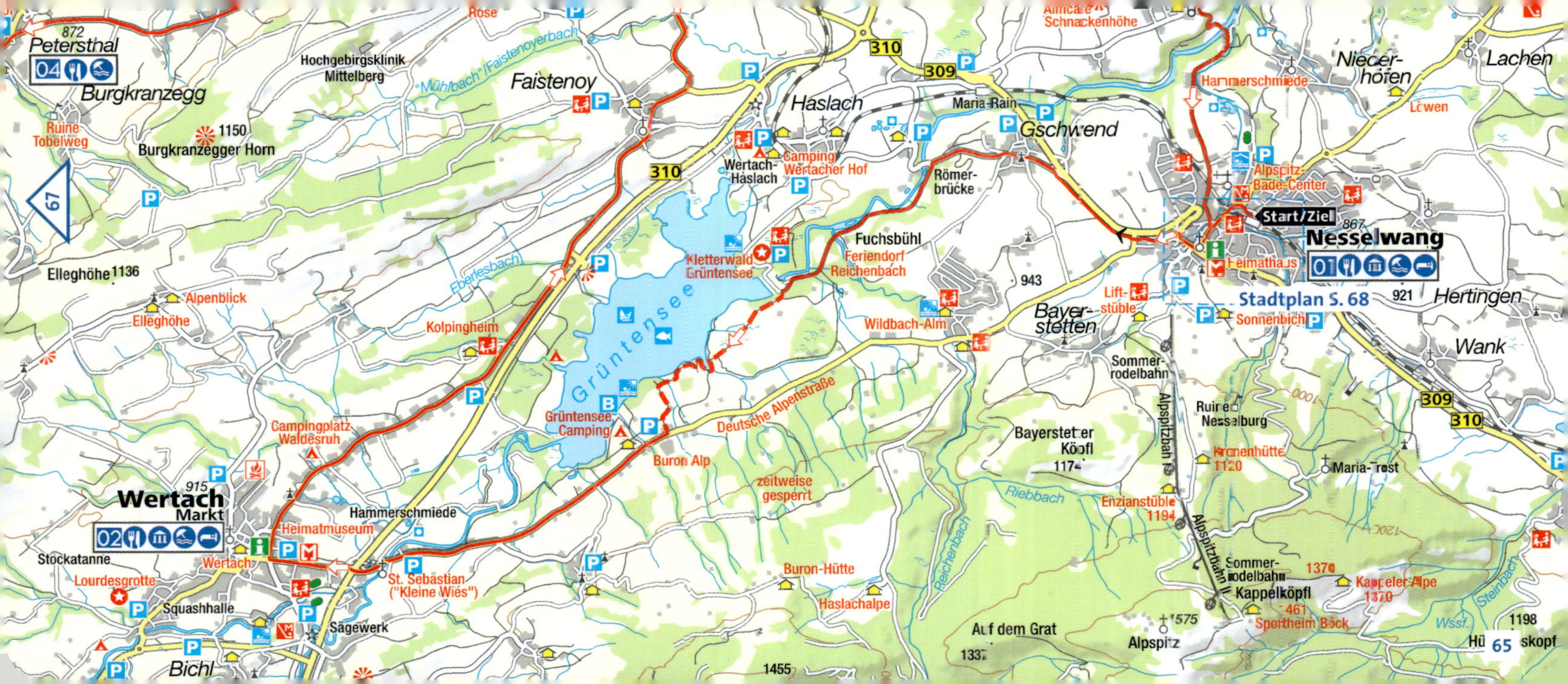

Petersthal
872
04
Burgkranzegg
Ruine Tobelweg
1150
Burgkranzegger Horn
Hochgebirgsklinik Mittelberg
"Mühlbach"/Faistenoyerbach
Faistenoy
67
Elleghöhe 1136
Alpenblick
Elleghöhe
Eberlesbach
Kolpingheim
310
Haslach
Wertach-Haslach
Camping Wertacher Hof
Kletterwald Grüntensee
Grüntensee
Grüntensee Camping
Campingplatz Waldesruh
Maria-Rain
309
Gschwend
Römerbrücke
Fuchsbühl
Feriendorf Reichenbach
Wildbach-Alm
943
Bayerstetten
Lift-stüble
Deutsche Alpenstraße
Buron Alp
zeitweise gesperrt
Hammerschmiede
Niederhofen
Lachen
Löwen
Alpspitz-Bade-Center
Start/Ziel
867
Nesselwang
01
Heimathaus
Stadtplan S. 68
921
Hertingen
Sonnenbichl
Wank
Sommerrodelbahn
Alpspitzbahn I
Ruine Nesselburg
Bayerstetter Köpfl
1174
Kronenhütte 1120
Maria-Trost
Riebbach
Enzianstüble 1194
Alpspitzbahn II
Sommerrodelbahn
Kappelköpfl
1461
Sportheim Böck
1370
Kappeler Alpe 1370
Steinbach
Reichenbach
915
Wertach Markt
02
Heimatmuseum
Wertach
Stockatanne
Lourdesgrotte
Squashhalle
Sägewerk
St. Sebastian ("Kleine Wies")
Buron-Hütte
Haslachalpe
Auf dem Grat
1337
1575
Alpspitz
1455
Bichl
1198

Kreisstraße nach rechts, am **Campingplatz** vorbei an die Brücke über die Wertach. Linker Hand steht die **Kirche St. Sebastian**. Wir radeln über die Wertach, nehmen die Unterführung an der Bundesstraße und fahren auf der „Grüntenseestraße" nach **Wertach** 02 hinein. An der Kreuzung mit der „Rathausstraße" biegen wir rechts ein und radeln aus Wertach hinaus. Zuerst können wir noch den Weg links parallel der Straße benutzen, dann fahren wir auf der Straße. Das **Kolping-Allgäuhaus** lassen wir links liegen und radeln hinauf nach **Faistenoy**. Wir bleiben auf der Ortsdurchfahrt und erreichen **Oy** 03 der Gemeinde Oy-Mittelberg. Auf der „Wertacher Straße" fahren wir nach Oy hinein, passieren das Rathaus in der „Hauptstraße" und stoßen auf die **Kirche St. Anna**. Gegenüber setzen wie unsere Tour in der „Haager Straße" fort und radeln den Berg hinauf. Am Abzweig nach Mittelberg halten wir uns geradeaus und fahren um den Berg herum durch **Haag** und **Mersch** hinunter nach **Petersthal** 04 an den **Rottachsee**.

Petersthal – Nesselwang / 21 km / 1:30 Std.

Die Straße „Am Bux" bringt uns an die „Thalstraße", der wir nach links folgen. Sie führt uns auch aus dem Ort hinaus hinunter an das Seeufer. Hier biegen wir dann nach rechts ab zur **Staumauer am Rottachsee**. Hinter der Staumauer biegen wir gleich rechts ab Richtung Moosbach und hinter dem **Freibad** nach rechts auf den schmalen Weg an das Seeufer. Vor dem Bauernhof folgen wir dem Weg nach links an den Fahrweg, biegen rechts ein und folgen nun wieder dem Uferweg bis zum nächsten **Freibad** am kleinen See. Wir fahren rechts um den See herum und weiter geht es am Ufer des Rottachsees entlang. Am **Ende des Sees** folgen wir dem Weg in einer Kehre nach links an den Weg nach Untergassen. Wir biegen aber rechts ab, bald im rechten Winkel

Der Grüntensee

Der Grüntensee wird vom Wasser der Wertach gespeist und seit 1962 aufgestaut. Nach der Iller ist die Wertach der zweitgrößte Fluss des Allgäus, sie fließt nach Norden und mündet in Augsburg in den Lech. Die Wertach entspringt am Kühgundkopf bei Oberjoch, nimmt in Wertach die Starzlach auf und mündet in den Grüntensee. Die Staumauer des Grüntensees liegt im Norden des Sees. Neben der Staumauer, von Haslach aus erreichbar, liegt der Familienkletterpark Grüntensee. Er ist für Familien ausgelegt, hat aber im Himalaya-Parcours auch einen herausfordernden Teil.

nach links und folgen dem Weg rechts haltend an den Fahrweg. Wir fahren nach links, dann unter der Autobahn hindurch und rechts nach **Oberzollhaus** 05. Nach dem Bahnübergang halten wir uns rechts nach Oberzollhaus hinein. Der **Bahn-**

hof Zollhaus-Petersthal liegt rechter Hand. Wir radeln auf der Ortsdurchfahrt, der „Füssener Straße", aus dem Ort hinaus bis zur **Wasenmühle**. Hier biegen wir rechts ein und radeln bergauf nach **Kressen** und wieder hinab nach **Oy** **03** hinein. Wir schwenken nach rechts ein und gelangen an die **Kirche St. Anna**. An ihr biegen wir rechts ab immer noch auf der „Hauptstraße" bis wir die „Maria-Rainer-Straße" erreichen. Ihr folgen wir nach rechts über die Bahn nach **Guggemoos**. Wir bleiben auf der Straße und gelangen nach **Maria-Rain** **06** mit der Kirche am Tal zur Wertach. Hinter der Kirche führt ein schmaler Weg an den **Steg über die Wertach** und wieder hinauf zur **Hammerschmiede**. Ab hier radeln wir auf der „Maria-Rainer-Straße" nach **Nesselwang** hinein. Wir gelangen an die „Von-Lingg-Straße" der wir nach links durch die Bahnbrücke folgen. An der „Bahnhofstraße" biegen wir wieder rechts ein und sind zurück am **Bahnhof von Nesselwang** **01** **Ziel**.

AUSFLUGSZIELE / SEHENSWÜRDIGKEITEN & EINKEHRTIPPS

Wertach 02

An der Kreuzung mit der B310 steht die **Kirche St. Sebastian**. Sie wurde nach Plänen der berühmten Wieskirche von Dominicus Zimmermann erbaut und trägt daher den liebevollen Namen „Kleine Wies". Im Sommer finden hier die traditionellen Musikabende statt.

Kirche St. Sebastian.

Lauter und eintöniger geht es gegenüber in der **Hammerschmiede** zu, wenn der Hammer auf den Amboss trifft und das glühende Eisen formt. Während der Saison kann die rund 400 Jahre alte Schmiede besichtigt werden.

Viehscheid in Wertach

Alljährlich am 18. September beginnt in Wertach der Viehscheid, der mit einem **Herbstfest** verbunden ist. Im Allgäu hat die Viehwirtschaft eine lange Tradition. Darum dreht sich vieles um Kühe und Kälber. Rund 100 Tage „übersömmern" die Kühe auf den Senn-Alpen. Deren Milch wird an Ort und Stelle zu Butter und Käse verarbeitet. Das Jungvieh bleibt auf den Galt-Alpen unter sich. Die dortigen Hirten nehmen nur einige Kühe mit um ihren Lebensunterhalt zu sichern. Im September beginnt der Viehscheid im Allgäu. Je nach Ort variiert der Beginn, aber alle liegen in der Mitte des Septembers. Am Tag des Viehscheids werden überall dort Kränze gebunden, wo sich Vieh und Hirten auf den Einzug ins Tal vorbereiten. Die Hirten ziehen ihr gutes Gewand an, Lederhose mit bestickten Hosenträgern und weißem Hemd und einen Hut geschmückt mit frischen Blumen. Die Schönste unter den Kühen wird mit einem üppigen Kopfputz gekrönt. Ist der Viehbestand während des Sommers von einem Unglück verschont geblieben, führt der Oberhirte die Kranzkuh zum Scheidplatz. Schon von weitem hört man das Läuten der großen Schellen und Glocken, die die Kühe an verzierten Lederriemen um den Hals zu Tale tragen. Die Kälber und Einjährigen werden am Scheidtag in Reihen zusammengebunden und treten geführt vom Hirten den Weg in den eigenen Stall an.

Nesselwang 01

Im Süden von Nesselwang erheben sich die Alpspitze und der höhere Edelsberg. Mit der Alpspitzbahn gelangen Sie schnell auf 1463 Meter Höhe. Von der Mittelstation der Alpspitzbahn führt die Sommerrodelbahn in rasanter Fahrt ins Tal.

In Nesselwang sollten Sie sich das **Skimuseum** ansehen. Mit der Ausstellung „Skigeschichte Nesselwang" setzt Nesselwang seinen Spitzensportlern ein Denkmal. Wer kennt sie nicht, den mehrfachen Biathlon Olympiasieger und Weltmeister Michael Greis oder Franz Keller, der in der Nordischen Kombination Weltmeister wurde und Olympiagold holte.

Etwas beschaulicher geht es im **Heimathaus** zu. In dem alten Fachwerkhaus „Beim Glaser" aus dem Jahre 1807 sind Stube, Kammern, Glaswerkstatt und landwirtschaftliche Sölde mit Originalmobiliar ausgestattet.

Tourismusinformation siehe ab S. 159
Übernachtungsverzeichnis siehe ab S. 161

Grüntensee gegen Alpspitze.

Tour 08 Pfronten – Grän – Tannheim – Zöblen – Pfronten

Durch das Tannheimer Tal ins Vilstal

36 km	2:30 Std.	267 hm	267 hm	GPS-Koordinaten / Start UTM Zone 32 x: 617.360 m y:5.271.260 m

Startort: Pfronten-Ried

Start/Ziel: Pfronten-Ried, Bahnhof 858 m

Charakter: Wir radeln auf asphaltierten Straßen und Wegen bergauf in das Tannheimer Tal. Der Übergang von Rehbach zur Kälberhofalpe über die Vils zur deutschen Grenze hat losen Untergrund. Im Vilstal ist der Fahrweg wieder asphaltiert.

Verkehr: Die Straße von Pfronten ins Tannheimer Tal ist mäßig befahren. Ab Grän durch das Tal der Vils ist der Autoverkehr sehr gering.

Tipp: Die Pflanzen des Alpenraumes sind im Alpengarten in Pfronten zu sehen. Mit über 450 verschiedene Arten ist der Garten in der Art eines Sichtungsgartens gestaltet. Er liegt am Krokusweg in Pfronten Steinach.

Ausflugsziele / Sehenswürdigkeiten & Einkehrtipps siehe S. 77

Übersicht

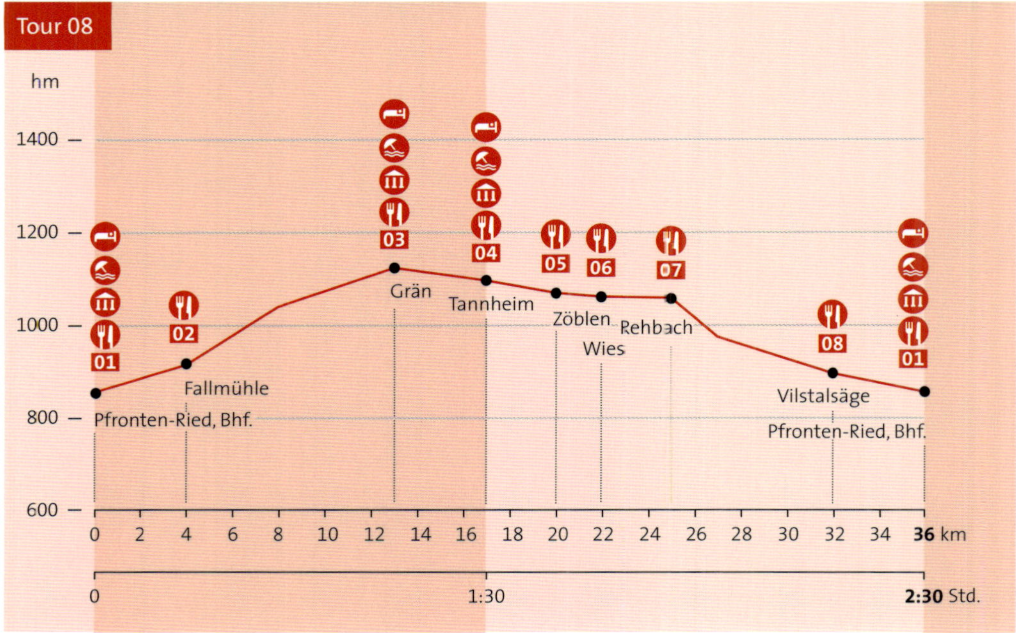

Pfronten-Ried – Tannheim / 17 km / 1:30 Std.

Start Zur Talerrunde starten wir am **Bahnhof Pfronten-Ried** 01. Wir halten uns links zur „Bahnhofstraße“ und geradeaus zur „Meilinger Straße“. Hier biegen wir rechts ein und an der „Allgäuer Straße“ links. Das Rathaus passieren wir und gelangen zur Straßenbrücke über die Vils. Ab hier heißt die Straße „Tiroler Straße“ der wir bis zur „Kienbergstraße“ folgen, dann biegen wir rechts ein und radeln im Ortsteil **Dorf** in das Tal der Steinacher Achen hinein. Rechter Hand oben am Berg liegt das Wirtshaus Milchhäusle. Wir bleiben aber im Tal und stoßen auf die **Josenmühle** an der „Achtalstraße“. Hier biegen wir rechts ab auf die Straße ins hintere Tal zum **Wirtshaus Fallmühle** 02. Zum Wirtshaus schwenken wir von der Fahrstraße rechts weg und können zum Rasten halten. Zur Weiterfahrt radeln wir geradeaus an der Achen entlang unter der Straße hindurch, dann geradeaus

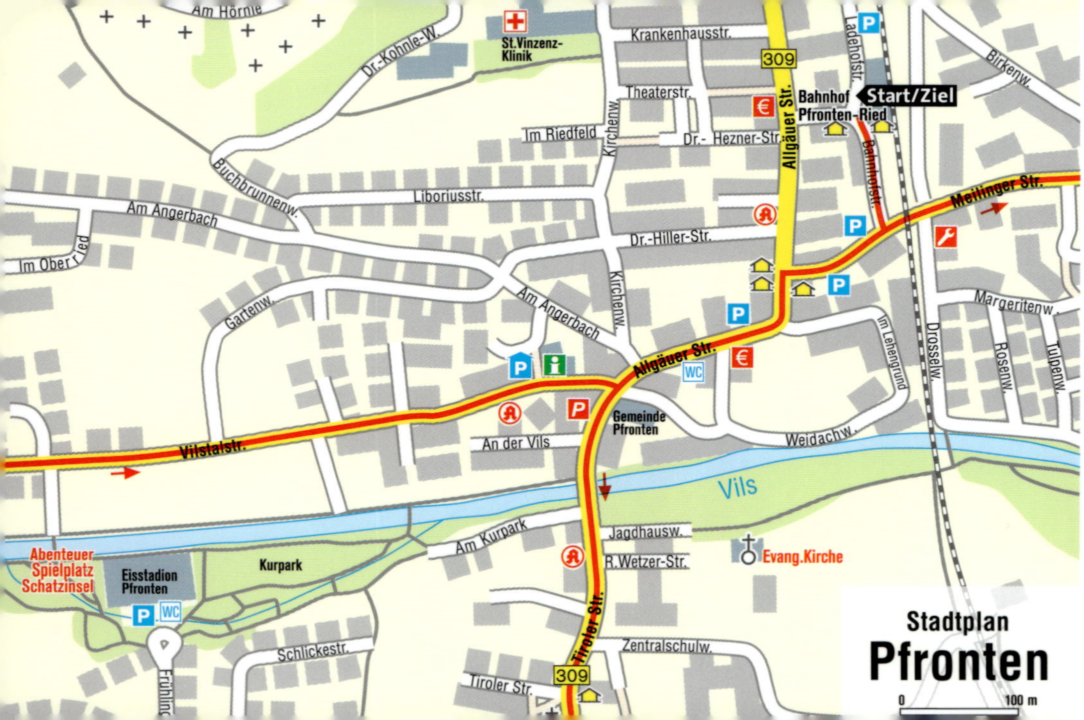

Marienkapelle.

wieder unter der Straße hindurch und gelangen an den Steg über die Achen. Ab hier radeln wir auf dem Radweg parallel zur Straße bis an die **Grenze zu Österreich**. Hier wechseln wir auf die Straße und radeln nach **Enge**. Wir schwenken nach links ein und erreichen über **Lumberg** wieder die Staatsstraße. Wir halten uns rechts und fahren bis zum Abzweig in die Ortsmitte von **Grän** 03. Auf der „Dorfstraße" gelangen wir ins Zentrum an den „Obweg". Hier biegen wir rechts ein und radeln nach **Innergschwend** an die Kirche. Geradeaus führt uns der Weg nach Berg und über die Berger Ache nach **Tannheim** 04.

Tannheim – Pfronten-Ried / 19 km / 1:00 Std.

Wir unterfahren die Bundesstraße und gelangen an die Kirche. Hier biegen wir rechts ab und fahren nach **Kienzen**. Geradeaus geht es durch den Weiler über die Berger Ache. Gleich hinter der

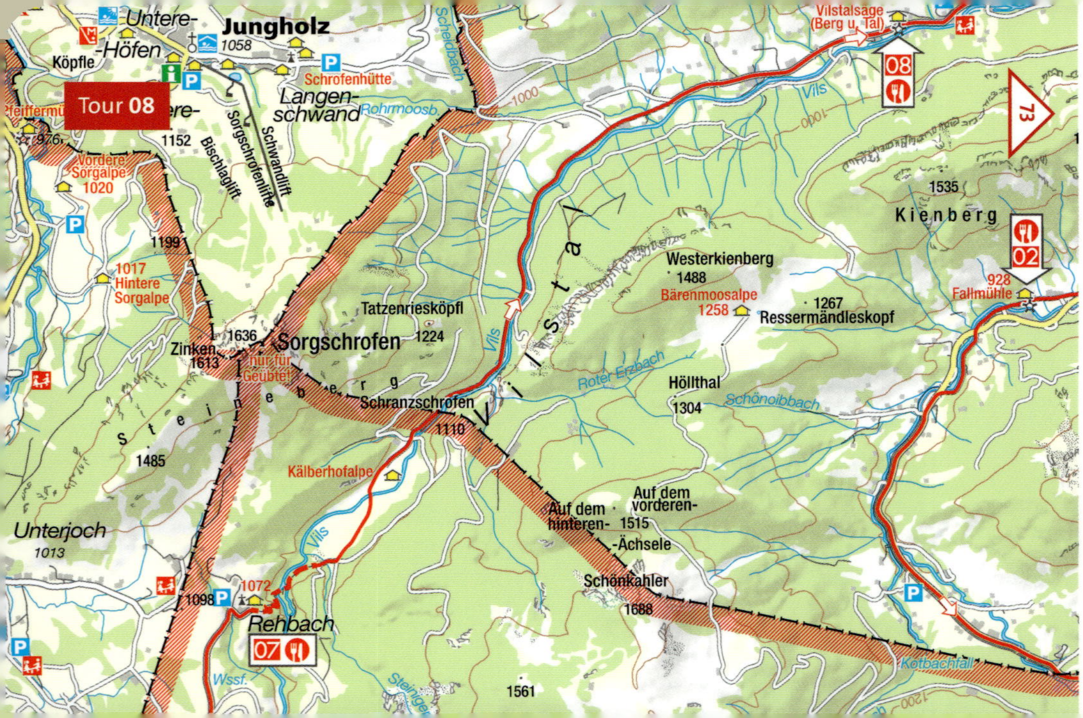

Brücke biegen wir links ab und gelangen nach **Untergschwend**. Wir biegen rechts zu den Häusern hin ab und halten uns vor dem **Campingplatz** links, fahren dann rechts auf ihn zu und wenden uns am nächsten Weg nach links. Wir erreichen **Zöblen** 05 oberhalb des Ortes, radeln hinunter und halten uns rechts zur Bundesstraße. Vor der Auffahrt zur Straße biegen wir rechts ab nach **Fricken** und **Wies** 06. Wir errei-

Typisches Wohnhaus in Tannheim.

Achsel 1821
Bad Kissinger Hütte 1788
1561
Pirschling 1634
Steiniger Bach
Kotbach
Wssf.
Geigerbühel 1091
Moorweiher
1298
Kappler Berg
Wiesler Berg
1465
Mittelberg 1547
Vilsfall
Vils-Stausee
199
1535
Einstein 1866
Seichenkopf 1864
Steig
Kappl 1058
1074
Wies
06
1066
Sägewerk
Brentenkopf
Steinbruch
Rappenschrofen
1710
1551
Enge 1210
Lumberger Grat
Fricken
1300 Zugspitzblick
Marienkapelle
Wildfütterung
Wiedhag
Schattwald 1111
Zöblen 1087
05
Berger Berg 1356
Bergblick
Lumberg
Wannenjochbahn
1707 Kühgundrücken
Jochstadl 1570
1852
1881
Kühgundspitze (Wannenjoch)
Katzensteig
Untergschwend
Lumberger Hof
1154
8er Gondelbahn Füssener Jöchl
Sonnleiten
St.Leonhard
Berg
Flegelmühle
1907 Kühgundkopf
Fischteich
Greiterweiher (Fischteich)
Heimatmuseum
Kienzen
Innergschwend
Sonnenhof
Engel
Gräin 1138
03
1313
Rohnenlift
1097
Tannheim
04
1411
1192
Höfer See
Bischofsmann 1653
1403 Stuiben-Sennalpe
1410
Eogen
Hubertushütte
Sägewerk
Haldensee
Schaukäserei
Hotel Tyrol

chen Wies an der Kirche, radeln geradeaus und biegen an der nächsten Straße links ab über die Vils an die Bundesstraße. Hier biegen wir rechts nach **Steig** ab und radeln in das enge Tal der Vils zum **Gasthof Alpenrose in Rehbach** 07. Am Gasthof halten wir uns rechts hinunter zur Vils. Der Weg ist steil und unbefestigt und führt uns zum **Steg über die Vils** bis an die Wegkreuzung. Hier schwenken wir links ab, radeln wieder über die Vils, kommen an der **Kälberhofalpe** vorbei, lassen die nächste Brücke rechts liegen und erreichen geradeaus wieder die **Grenze nach Deutschland**. Die Fahrstraße führt uns nun die Vils hinunter zum **Wirtshaus Vilstalsäge** 08. Am Talausgang erreichen wir den **Ortsteil Ried** von Pfronten und gelangen auf der „Vilstalstraße“ wieder an die „Allgäuer Straße“ beim Rathaus. Nach links biegen wir ab und folgen der Ortsdurchfahrt bis an die „Bahnhofstraße“, biegen hier ein letztes mal rechts ab und sind zurück am **Bahnhof Pfronten-Ried** 01 **Ziel**.

Das Tannheimer Tal

Wer sich von Pfronten-Steinach aufmacht um ins Tannheimer Tal zu radeln kommt am Aggenstein vorbei, der sich linker Hand erhebt. Über seinen Gipfel auf 1986 Metern verläuft die Grenze zu Österreich. Zum Aggenstein hinauf gibt es eine Vielzahl von Aufstiegsmöglichkeiten mit Ziel Kissinger Hütte. Bei Grän haben Sie das Tannheimer Tal erreicht. Es ist ein Hochtal auf gut 1000 Metern Höhe. Im Osten des Tales liegen die Tannheimer Berge mit den Gipfeln des Gimpel und der Köllenspitze. Allesamt sind es 2000er. Gegen Norden erhebt sich der Einstein an dessen Fuß die Vils Richtung Oberjochpass hinunter nach Pfronten fließt. Im Süden des Tales erstrecken sich die Allgäuer Alpen. Unterhalb des Rauhorns liegt der Vilsalpsee, aus dem die Vils hinunter nach Tannheim fließt. Der Vilsalpsee liegt in einem Naturschutzgebiet und gehört zu den besonderen Schätzen der Region.

Ursprünglich gehörte das Tannheimer Tal zu den Besitzungen des Bistums Augsburg. Kaiser Heinrich IV. erteilte dem Bistum im Jahre 1059 das Recht auf Rodung und Besiedlung. Der Bischof gab jedoch seine Rechte als Lehen an den Adel weiter. Das Tannheimer Tal teilten sich die Grafen von Montfort und die Herren von Rettenberg. So um 1300 wurde das Tal als Alpe genutzt. Kirchlich gehörte das Tal zur Pfarre Sonthofen. Um 1550 wurde aus dem Saumpfad über den Gaichtpass eine befahrbare Straße die sich zu einem wichtigen Handelsweg zwischen Tirol und dem Allgäu entwickelte. Vor allem Wein und Salz wurden transportiert. Erst als die Arlbergstraße 1785 fertiggestellt war, fuhren deutlich weniger Fuhrwerke durch das Tannheimer Tal.

Tourismusinformation siehe ab S. 159
Übernachtungsverzeichnis siehe ab S. 161

Pfronten 01

An der Vils am Kurpark in Pfronten liegt die **Hammerschmiede**. Sie ist etwa 400 Jahre alt und war seit ihrer Erbauung bis 1850 im Besitz der Schmiedefamilie Mayr, aus der die meisten Altpfrontener hervorgingen. Die älteste Urkunde datiert von 1588 besagt, dass Antony Mayr und seine Frau eine Hypothek von 80 Gulden eintragen ließen auf ihre Hammerschmiede in der Ob samt dem Wasserhammer, Amboss, Blasbalg und anderem Werkzeug und einem anstoßenden Acker.

In Pfronten-Heitlarn steht die **Bläsimühle** mit dem **Mühlenmuseum**. Sie war die erste Mahlmühle in Pfronten. Die Chronik reicht bis 1540 zurück. Die Besonderheit der Mühle ist die Mühlentechnik. Mit den fünf altdeutschen Steinmahlgängen, dem Gerbgang, Schrotgang, Weiß- und Schwarzmahlgängen, samt der dazugehörigen Antriebstechnik ist sie zusammen mit der Katzbrui-Mühle im Unterallgäu wohl einzigartig.

Tannheimer Tal gegen Aggenstein.

Tour 09 Pfronten – Eisenberg – Seeg – Nesselwang – Pfronten

Die Schlossbergrunde

40 km	3:00 Std.	276 hm	276 hm			GPS-Koordinaten / Start UTM x: 617.360 m Zone 32 y: 5.271.260 m

Startort: Pfronten-Ried

Start/Ziel: Pfronten-Ried, Bahnhof 858 m

Charakter: Eine Radltour die den Hügeln des Allgäus folgt. Wir radeln auf asphaltierten Straßen und Wegen ohne nennenswerte Steigung. Wer den Abstecher zur Schlossbergalm und zu den Ruinen von Eisenberg wählt muss kräftig bergauf radeln.

Verkehr: Auf den Verkehr ist in Nesselwang und Pfronten zu achten, da es hier nicht immer Radwege gibt. Sonst ist kaum mit Verkehr zu rechnen.

Tipp: Die Geschichte der imposanten Burgruinen Eisenberg und Hohenfreyberg werden im Burgenmuseum in Eisenberg-Zell anschaulich erzählt. Viele Fundstücke aus den Burgen sind hier ausgestellt.

Ausflugsziele / Sehenswürdigkeiten & Einkehrtipps siehe S. 84/85

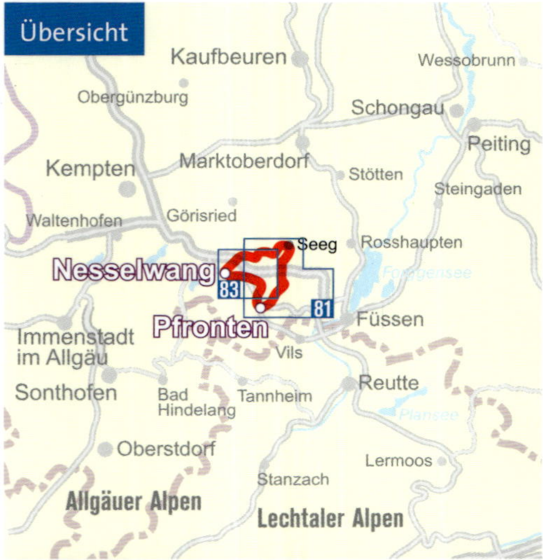

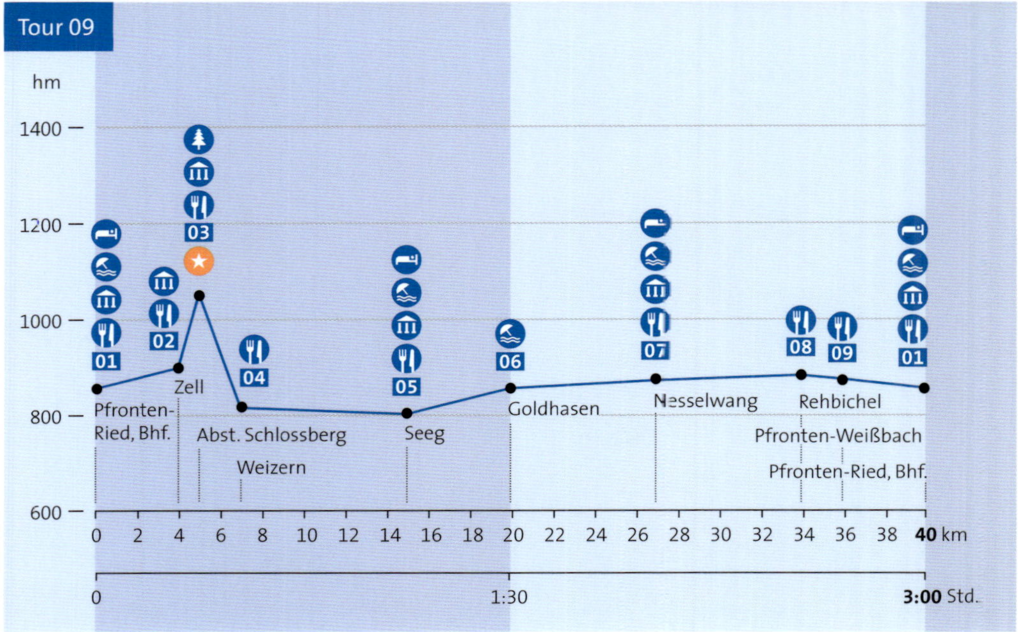

Pfronten – Goldhasen / 20 km / 1:30 Std.

Start Der **Bahnhof Pfronten-Ried** 01 ist Ausgangspunkt zur Schlossbergrunde. An der „Ladestraße" vor dem Bahnhof halten wir uns links zur „Bahnhofstraße" und geradeaus zur „Meilinger Straße". Wir folgen ihr nach links über den Bahnübergang aus Pfronten hinaus. Ab dem „Steinrumpelweg" benutzen wir den Radweg rechts der Straße und gelangen zum Kreisel mit der Bundesstraße. Wir nehmen die Unterführung rechts vom Kreisel und setzen gegenüber unsere Radtour fort, nun auf der Straße nach Zell. Am Abzweig nach Kreuzegg biegen wir links ein und radeln gleich rechts nach **Zell** 02. Wir stoßen auf die „Dorfstraße", halten uns ein Stück nach rechts und folgen dann dem „Burgweg" nach links hinauf zur **Schlossbergalpe** 03 unterhalb der **Burgruinen Hohenfreyberg** und **Eisenberg**. Beide sind einen wenn auch anstrengenden Ab-

Ruine Eisenberg.

Schweinegg
Freyberg
1041
Schlossbergalm
1000
Ruine
Eisenberg
Weizern-
Hopferau
814
Pertlesbichel
825
Burgruine Hopfen
Vilser
Baggersee
Osterreuten
Maria-Hilf
Eisenberg
03
821
Rehbichel
08
Kappel
Zell
02
Burgenmuseum
Bären
Unterdolden
Dolldener Bach
Käsealp
Hopfensee
Roth
SGW Sportanlage
873
Weißbach
09
930
860
AB-Tunnel
Reinertshof
964
Josberg
Hp.Pfronten-
Weißbach
922
Kreuzeggle
Schrofeneck
961
Kohlbichl
908
Sperrgebiet
Burgstall
Buchen
Hopferried
Fohlenhof Pfronten-
Weißbach
Kreuzegg
310
856
Hafenegg
Bachweiher
Wiesbauer
Egelsee
Deutsche Alpenstraße
Hubmannsegg
Brand
Eckersbichl
Füssener
Röfleuten
Hot. Zum Franke
Hörndle
910
Berg
Pfronten-
Ried
Weißer
Hirsch
Hotel
Edelsberg
Halden
Ried
Start/Ziel
Meilingen
893
Wiedmar
Vorder-
egg
Niederried
Heitlern
859
Eishalle
Hinteregg
Schwarzenbach
See
845
Pfronten
01
Stadtplan S. 72
Alpenbad
Bachthal
Ober-
ried
Hub
Jägerhaus
Füssen
139
Obere
Mühle
Dorf
Ösch
Hotel
Bergidyll
Roßmoos
310
Steigmühle
Oberkirch
Seegasthof
Moos
Kienberg
1286
Milchhäusle
Manzenstüble
1130
Falkenstein
WEISSENSEE

Am Schwaltenweiher.

stecher wert. Erfrischungen gibt es an der Alpe und zusätzlich ein tolles Bergpanorama. Zurück nach **Zell** biegen wir vor dem Ort am Marterl im spitzen Winkel links ab hinunter an die Kreisstraße und radeln auf dem Radweg nach Eisenberg. Wir fahren auf der Kreisstraße durch **Eisenberg** bis an die Einmündung mit der Staatsstraße. Hier queren wir die Straße und benutzen den Radweg links nach **Weizern** 04. Die Bergkäserei Weizern liegt auf unserer Straßenseite und kann besichtigt werden. Hinter Weizern biegen wir links ab nach **Lieben** und fahren über **Baumgarten** und **Bach** nach **Enzenstetten**. Zunächst radeln wir auf der Staatsstraße links in den Ort und biegen hier nach links ab Richtung **Anwanden**. An der Kreuzung vor dem Ort schwenken wir nach rechts, queren die Staatsstraße und radeln geradeaus über die Bahngleise. Wir erreichen eine Wegkreuzung, halten uns halblinks und gelangen an die **Sportanlage von Seeg**. An der Straße biegen wir links ein und radeln wieder über die Bahngleise, jetzt im „Senkeleweg" nach **Seeg** 05 hinein an die „Hauptstraße" zum Heimatmuseum. Hier biegen wir links ab und folgen der „Hauptstraße" zur Straße „Aufmberg". Wir biegen rechts ein und fahren auf dem Bergrücken über **Aufmberg** nach **Seeleuten** zum Wirtshaus. Weiter radeln wir hinunter an den **Schwaltenweiher**, halten uns hier links und fahren bis zum Abzweig nach Goldhasen. Wir schwenken rechts ein, erreichen bald den Weiler **Goldhasen** 06 und stoßen auf die Kreisstraße am **Seeufer**.

Goldhasen – Pfronten / 20 km / 1:30 Std.

Hier biegen wir links ein auf die Straße und fahren über **Guggenmoosen** unter der Autobahn hindurch nach **Lachen**. Ab der AB-Anschlussstelle radeln wir auf dem Radweg rechts der Straße nach Lachen und ab hier links der Straße über den Kreisverkehr nach **Nesselwang** 07 hinein. Zunächst radeln wir auf der „Marktoberdorfer Straße", die dann hinter der Bahn in die „Von-Lingg-Straße" übergeht, zur „Hauptstraße". Wir biegen links ein, kommen am Skimuseum und dem Heimatmuseum vorbei und gelangen an das Gewerbegebiet am „Hertinger Weg". Wir biegen nach links ab, fahren über die Gleise aus Nesselwang hinaus und bergauf nach **Hertingen**. Hinter dem Ort führt uns ein Weg links zum **Kögelweiher**.

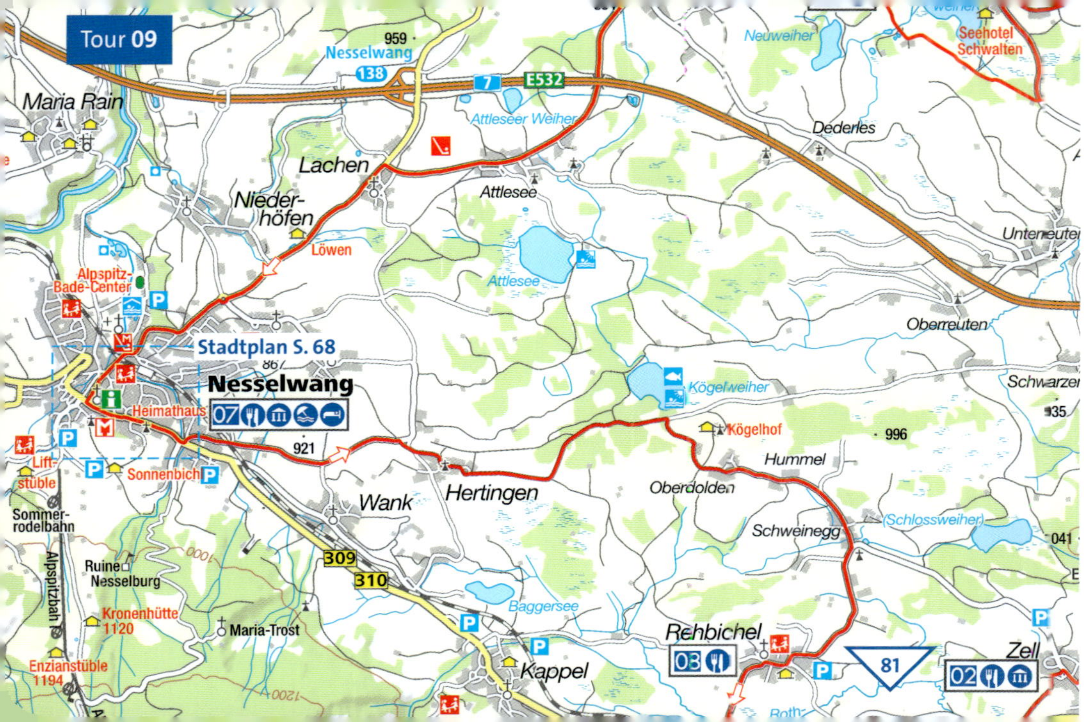

Zum Wirtshaus radeln wir ein Stück geradeaus und schwenken dann rechts ein. Wir biegen aber bereits am Kögelweiher rechts ab nach **Oberdolden**, **Hummel** und **Schweinegg**. Hier halten wir uns geradeaus nach **Rehbichel** 08, fahren durch den Ort und erreichen bald **Pfronten-Weißbach** 09. Durch das Gewerbegebiet führt uns der „Rehbichler Weg" an die „Füssener Straße". Ihr folgen wir rechts zur „Kemptener Straße" und überqueren sie zum „Röfleuter Weg". Er bringt uns nach **Röfleuten** hinein an die Kirche St. Johannes. Vor ihr biegen wir in die „Peter-Heel-Straße" ein, die uns am Krankenhaus vorüber nach **Pfronten-Ried** führt. Wir stoßen auf die „Vilstalstraße", biegen nach links ein und radeln in die Ortsmitte auf das Rathaus zu. Hier biegen links ab in die „Allgäuer Straße", dann nach rechts in die „Meilinger Straße" und vor dem Bahnübergang links zum **Bahnhof** von **Pfronten-Ried** 01 und haben unser Ziel erreicht **Ziel**.

AUSFLUGSZIELE / SEHENSWÜRDIGKEITEN & EINKEHRTIPPS

Schlossbergalpe 03

Hoch über dem Ort Zell auf einem Kalkmassiv liegen die beiden **Burgruinen Eisenberg** und **Hohenfreyberg**. Das Westallgäuer Adelsgeschlecht der Hohenegger erbaute die Burg Eisenberg 1315 als Symbol ihrer Herrschaft Eisenberg. Die mächtigen Mauern sind denen der Burg Falkenstein bei Pfronten ebenbürtig. Burg Falkenstein wurde zuvor von den Österreichern eingenommen, was den Hoheneggern ein Dorn im Auge war und zum Bau der Burg führte. Zu tiefgreifenden Differenzen wegen der Gebietsherrschaft und der Gerichtsbarkeit kam es unentwegt mit dem Bischof von Augsburg, dessen Hochstift Eisenberg umgab. Im Jahre 1382 übergab Berthold von Hohenegg seine Herrschaft an den stärkeren österreichischen Herzog Leopold III. In der Vereinbarung stand der Österreicher als Territorialherr, den Grundbesitz behielten jedoch die Hohenegger. Dem Tiroler Landesherren gehörten nun die Burgen Eisenberg, Loch und Falkenstein. Während des Bauernkrieges wurde Burg Eisenberg für kurze Zeit von Bauern eingenommen.

Eisenberg Schlossbergalpe.

Ruine Hohenfreyberg.

Kurz vor dem Ende des Dreißigjährigen Krieges wurden die Burgen Eisenberg, Hohenfreyberg und Falkenstein von den Tirolern vor den anrückenden Schweden niedergebrannt

Burg Hohenfreyberg ist eine der letzten Burgen die im Mittelalter errichtet wurden. Im Stile einer Stauferzeitlichen Burg wurde sie von 1418–32 von Friedrich Freyberg zu Hohenfreyberg erbaut. Ab 1485 wird die Burg zu einem zeitgemäßen Wehrbau ausgebaut, an dem die Bauern während ihres Aufstandes verzagten. Während des Dreißigjähriges Krieges um 1607 wurden Burg Eisenberg und Hohenfreyberg von der Tiroler Landesregierung mächtig befestigt und mit Geschützen ausgerüstet. Letztere wurden aber zur Verteidigung des Fernpasses gegen die Schweden wieder abgezogen. Die Burgen wurden aufgegeben und niedergebrannt. Beide Ruinen verfielen nach Ende des Dreißigjährigen Krieges. Ab 1995 wurden sie gründlich erforscht, konserviert und vom Burgenverein Eisenberg betreut.
Im Burgenmuseum in Zell sind Ausgrabungen und Ausrüstungen aus den Burgen zu besichtigen.

Tourismusinformation siehe ab S. 159
Übernachtungsverzeichnis siehe ab S. 161

Tour 10 Seeg – Rückholz – Eisenberg – Hopferau – Seeg

Auf dem Emmentaler Radweg

39 km	2:30 Std.	115 hm	115 hm			GPS-Koordinaten / Start UTM Zone 32 x: 621.180 m y: 5.279.260m

Startort: Seeg
Start/Ziel: Seeg, Bahnhof 820 m
Charakter: Eine Radtour für die ganze Familie und Käseliebhaber. Wir radeln auf asphaltierten Nebenstraßen und Wegen ohne markante Steigungen über sanfte Hügel und durch Täler.
Verkehr: Verkehr ist auf der Radtour kaum zu erwarten.

Tipp: Wer sich für die Herstellung von Käse interessiert, ist in Eisenberg-Weizern bei der Bergkäserei richtig. Die Bergkäserei ist täglich geöffnet. Führungen nach Vereinbarung. In Stelle gibt es die Hofkäserei, in Rückholz eine Käserei und in Lehern eine Sennerei zu besichtigen.

Ausflugsziele / Sehenswürdigkeiten & Einkehrtipps siehe S. 91

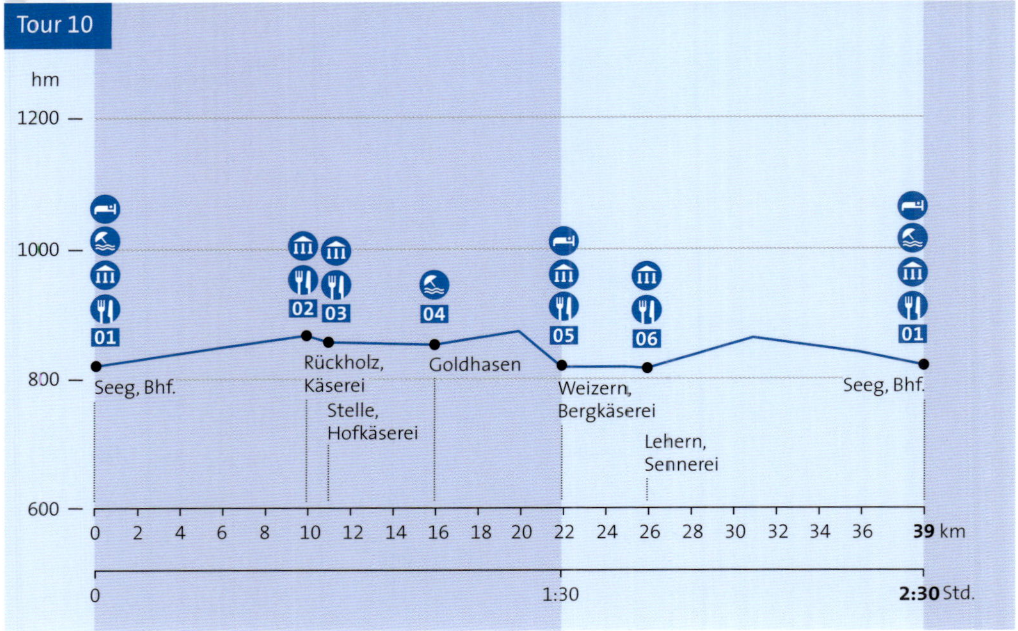

Seeg – Weizern / 22 km / 1:30 Std

Start Wir starten zu einer Themenradtour die uns zu ausgewählten Käsereien und Sennereien führt. Schwingen wir uns auf den Sattel am **Bahnhof in Seeg** 01 und radeln auf der „Ladestraße" nach links zur „Bahnhofstraße". Wir folgen ihr nach rechts an die „Hauptstraße" und radeln links der „Hauptstraße" entlang bis an das **Heimatmuseum**. Vor dem Haus biegen wir rechts ab in die „Nesselwanger Straße" und fahren den Berg hinunter an die Umgehungsstraße. Hier benutzen wir den Radweg links der Straße bis zum Abzweig rechts nach **Seeweiler**. Wir radeln durch den Ort und biegen nach der Kurve rechts ab Richtung **Schmiedenbrunnen**. Vom Ortsweg schwenken wir nach etwa 600 Metern links ab auf den schmalen Weg der uns an Schmiedenbrunnen vorbei an den **Trollweiher** und den **Luimooser Weiher** führt. An der schmalen Straße nach

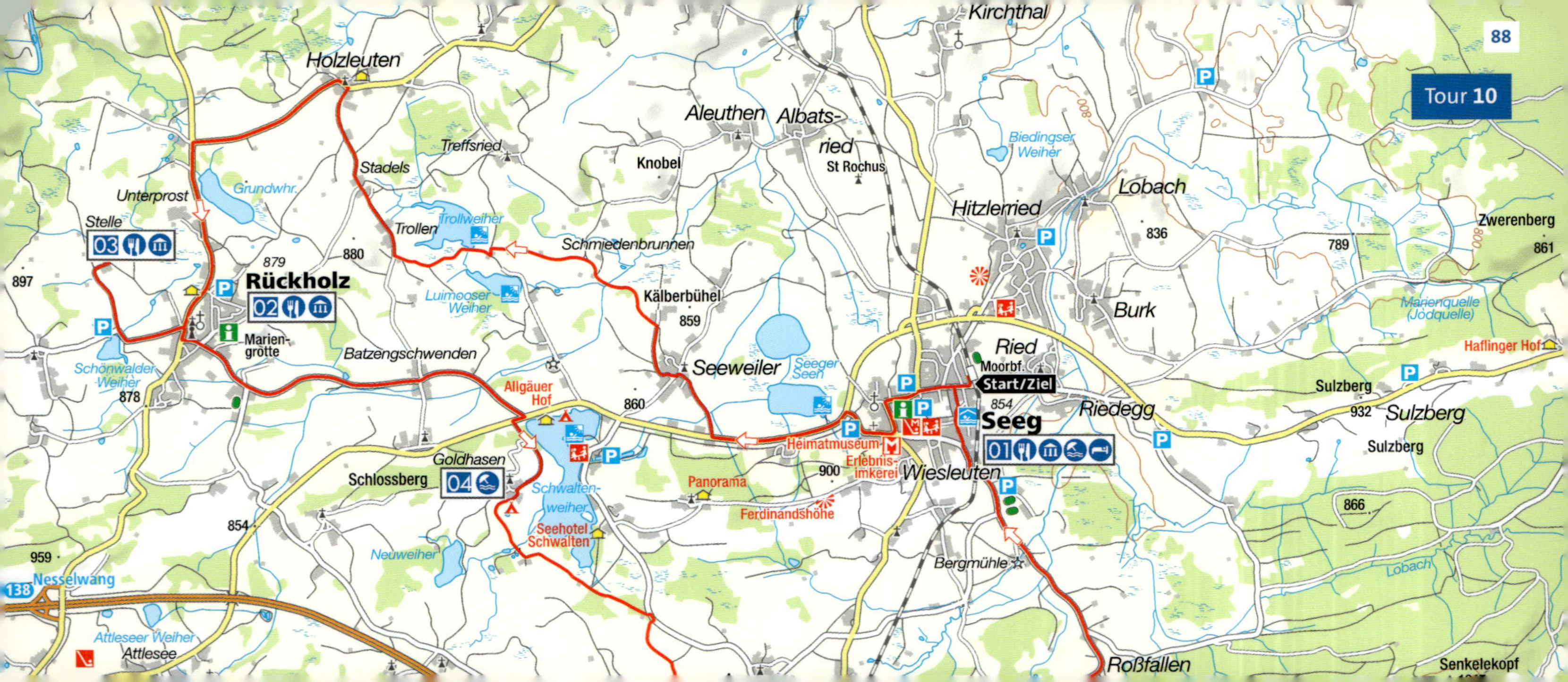
Kirchthal
Holzleuten
Aleuthen
Albats-ried
St Rochus
Treffsried
Knobel
Stadels
Biedingser Weiher
Lobach
Hitzlerried
Unterprost
Grundwhr.
Trollweiher
Trollen
Stelle
03
Schmiedenbrunnen
836
Zwerenberg
789
861
880
879
897
Rückholz
02
Kälberbühel
Luimooser Weiher
Burk
Marienquelle (Jodquelle)
859
Marien-grotte
Batzengschwenden
Seeweiler
Seeger Seen
Ried
Moorbf.
Haflinger Hof
Schönwalder Weiher
Start/Ziel
Sulzberg
Allgäuer Hof
878
860
854
Riedegg
932
Sulzberg
Seeg
Heimatmuseum
Erlebnis-imkerei
01
Goldhasen
Schlossberg
04
900
Wiesleuten
Panorama
Schwalten-weiher
Ferdinandshöhe
866
854
Seehotel Schwalten
Neuweiher
959
Bergmühle
Nesselwang
138
Lobach
Attleseer Weiher
Attlesee
Roßfallen
Senkelekopf

Treffisried biegen wir kurz nach links ab und gleich wieder rechts, jetzt nahe am Trollweiher vorbei, zur Straße nach Holzleuten. Wir biegen nach rechts ein und radeln durch **Trollen** und **Stadels** nach **Holzleuten**. Im Ort biegen wir links ab und erreichen die Kreisstraße am Sägewerk. Nach links führt der Radweg parallel zur Straße an **Unterprost** vorbei nach **Rückholz** 02. Der Radweg endet am Abzweig zur **Hofkäserei Lipp** in **Stelle** 03. Zum Besuch der Hofkäserei folgen wir der schmalen Straße gegenüber nach Stelle. Wer weiter radeln möchte, fährt auf der „Hauptstraße" ein kurzes Stück weiter, biegt dann nach links ab in die „Ortsstraße" und fährt geradeaus aus Rückholz hinaus. Wir bleiben auf der Straße und erreichen **Batzengschwenden**. Hier geht es geradeaus an die Kreisstraße zum Wirtshaus und Campingplatz am **Schwaltenweiher**. Wir queren die Straße und halten uns rechts zur Straße nach **Goldhasen** 04. Im Ort halten wir uns links auf dem schmalen Weg und

radeln bis an die Straße. An der Straße folgen wir dem schmalen Weg weiter nach rechts und gelangen nach **Rennbothen**. An den letzten

Kirche St. Ulrich in Seeg

Häusern biegen wir links ab zur Straße, folgen ihr kurz nach links und schwenken auf den Weg nach rechts ein. Hier halten wir uns rechts und radeln unter der Autobahn hindurch nach **Schwarzenbach**. An der Kapelle biegen wir links ab nach **Lieben** und erreichen die Staatsstraße bei Weizern. Hier können Sie die **Bergkäserei** besuchen.

Weizern – Seeg / 17 km / 1:00 Std.

Wir radeln nach **Weizern** 05 hinein und biegen nach rechts ab auf die Ortsstraße nach **Eisenberg**. Am Ortsanfang schwenken wir links ab und stoßen auf die Kreisstraße. Gegenüber führt uns die „Mariahilfstraße" nach **Speiden**. An der Kirche biegen wir links ab, fahren nach **Unterreuten** und weiter nach **Hopferried**. Wir radeln links durch den Ort nach **Wiedemen** und **Lehern** 06 zur **Sennerei**. Unsere Radtour führt nach links an den Ortsanfang von **Hopferau**. Hier biegen wir rechts ab und benutzen den Radweg links der Straße bis zum Abzweig nach **Schraden**. Wir biegen links ein und fahren dann über die Bahnlinie den Berg hinauf bis zur Brücke über der Autobahn. Dahinter schwenken wir nach links Richtung **Hopferwald**, radeln aber am Ort vorbei auf den Bergrücken zu.

An einer Rechtskurve halten wir uns links und stoßen auf den Weg, dem wir nach links folgen und nach **Ober-** und **Unterlangegg** gelangen. In Unterlangegg fahren wir geradeaus nach **Unterhalden** und **Gsöllen**. Hier radeln wir um den Berg herum und erreichen über **Roßfallen** und **Bergmühle** unser Ziel **Seeg**. Wir passieren die Sportplätze, radeln über die Bahnlinie und gelangen in den „Senkeleweg". An der „Wiesleutener Straße" biegen wir rechts ein und stoßen auf die „Bahnhofstraße". Kurz rechts und dann links fahren wir die „Ladestraße" entlang zum **Bahnhof von Seeg** 01 Ziel.

Tourismusinformation siehe ab S. 159
Übernachtungsverzeichnis siehe ab S. 161

Seeg 01

„Eine der schönsten Kirchen im Allgäu", so schwärmte der erste Präsident der Bundesrepublik Deutschland Theodor Heuß bei seinem Besuch Anfang der 50er Jahre von der **Pfarrkirche St. Ulrich** in Seeg. Bundespräsident Horst Köhler besuchte die Kirche 2004 und war ebenfalls sehr angetan. Baumeister der Kirche war der Füssener Johann Jakob Herkomer, dessen Vater aus Seeg stammte. Zunächst erhielt Jakob Herkomer eine Ausbildung als Maler, bevor er nach Italien reiste und sich dort der Bildhauerei und Architektur zuwandte. In den Jahren von 1694–1697 weilte er wieder in Italien und unterrichtete Dominicus Zimmermann, den Erbauer der Wieskirche. Herkomer selbst erbaute 1717 die Kirche des Klosters St. Mang in Füssen und leitete den Umbau der St. Moritz Kirche in Augsburg sowie der Heilig Kreuz Kirche. Um die Schönheit der Rokokokirche zu erhalten wurde sie 2001 bis 2007 restauriert und erstrahlt seitdem in neuem Glanze. Nach der Restaurierung wurde sie von der UNESCO zum Weltkulturerbe erklärt. Die erste Seeger Pfarrkirche war allerdings im gotischen Stil erbaut worden in den Jahren vor 1635. Ein Bild von ihr ist in der Seeweiler Kapelle zu sehen.

Der Allgäuer Emmentaler

Hören wir Allgäu, denken wir an Berge, Wiesen, Kühe und Käse. Letzterer wird als Hartkäse schon seit Jahrhunderten hergestellt. Jedoch ist der echte Emmentaler ein Hartkäse aus dem Emmental, im Kanton Bern gelegen. Dort wird er seit dem 18. Jahrhundert hergestellt. Hier im Allgäu wurde der Käse nur auf Alpen oder auf Bauernhöfen produziert und das mit sehr unregelmäßigen Ergebnissen. Das „Schweizer Verfahren" wurde 1821 von Josef Aurel Stadler ins Allgäu gebracht. Er brachte zwei Schweizer Senner nach Weiler ins Westallgäu und ließ sie einen Schweizer Emmentaler im Allgäu herstellen. Sechs Jahre später wurde dann im Gunzesrieder Tal die Produktion mit „voller Reife" begonnen. Ab diesem Zeitpunkt entstanden nun immer mehr Dorfsennereien, deren technische Einrichtungen allerdings sehr einfach waren. Über offenem Feuer wurde die Milch in Käsekesseln erhitzt und die Temperatur mit dem Ellenbogen gemessen. Mit den Jahren verbesserte sich die technische Ausrüstung und mit der Einführung von Gärkellern unterschied bald den Allgäuer Emmentaler nichts mehr von seinem Schweizer Vorbild, inklusive der kirschgroßen Löcher. Als gegen Ende des vorigen Jahrhunderts durch die verbesserte Weidewirtschaft immer mehr Milch produziert wurde sind private wie genossenschaftlich größere Käsereien entstanden, die die gesamte Milchmenge eines Dorfes verarbeiten konnten.

Tour 11 Füssen – Schwangau – Roßhaupten – Rieden – Füssen

Die drei Seen Radltour

37 km	2:30 Std.	112 hm	112 hm		

GPS-Koordinaten / Start
UTM Zone 32 x: 627.730 m y: 5.269.920 m

Startort: Füssen
Start/Ziel: Füssen, Bahnhof 798 m
Charakter: Eine landschaftlich wunderschöne Radtour ohne große Steigungen auf asphaltierten Wegen und Straßen im Uferbereich zwischen Bannwaldsee, Forggensee und Hopfensee.
Verkehr: Mit Verkehr haben wir lediglich in Füssen zu rechnen. Entlang den Hauptstraßen radeln wir auf Radwegen. Sonst ist es ruhig.

Tipp: Wer das Panorama der Allgäuer Alpen vom Wasser des Forggensee aus genießen möchte, der kann mit der Forggenseeschifffahrt hinaus fahren. Das Rad können Sie mit an Bord nehmen.

Ausflugsziele / Sehenswürdigkeiten & Einkehrtipps siehe S. 100–103

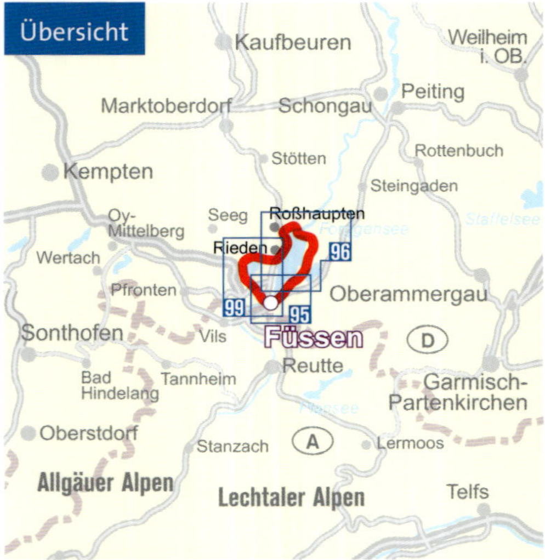

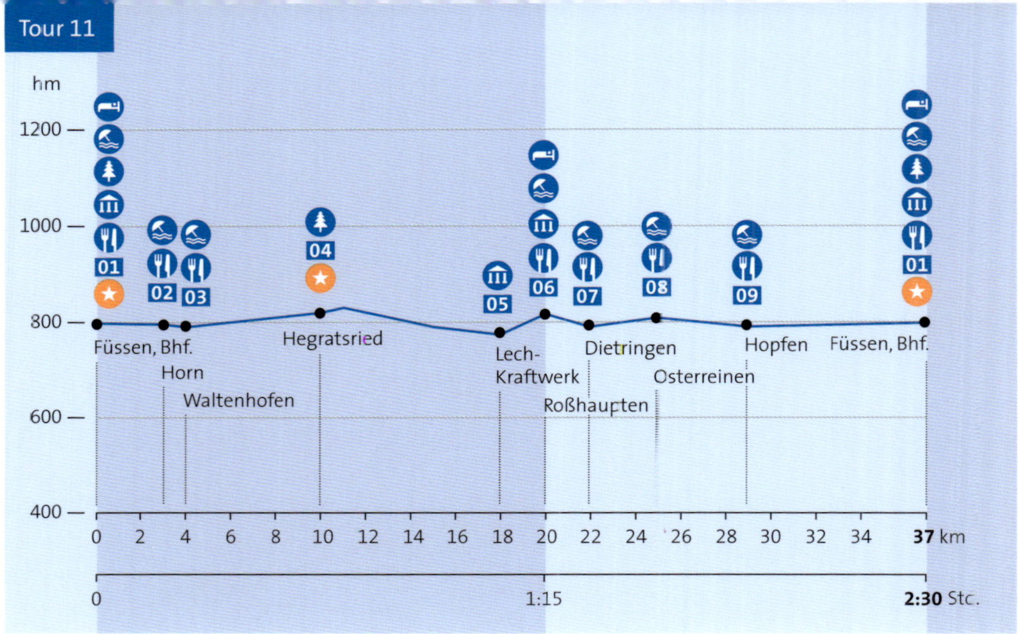

Füssen – Roßhaupten / 20 km / 1:15 Std.

Start Am **Bahnhof** in **Füssen** 01 steigen wir auf unser Rad und radeln auf der „Bahnhofstraße“ zur **Altstadt** hinein. Am „Prinzregentenplatz“ radeln wir geradeaus zum „Kaiser-Max-Platz“ und weiter geradeaus auf der „Sebastianstraße“, der B 16, hinunter zur **Lechbrücke**.

Abstecher

Wer die **Königsschlösser** besichtigen möchte, radelt ab hier den Abstecher zu den Schlössern und stößt bei Waltenhofen wieder auf die Seentour. Am „Lechsteg“ radeln wir geradeaus unter der Bundesstraße hindurch und auf dem Radweg entlang der „Füssener Straße“ nach **Alterschrofen**. An der „Parkstraße“ biegen wir rechts ab und radeln auf dem Radweg entlang der Straße nach **Hohenschwangau** 10. An der Kreuzung fahren wir die „Alpseestraße“ hi-

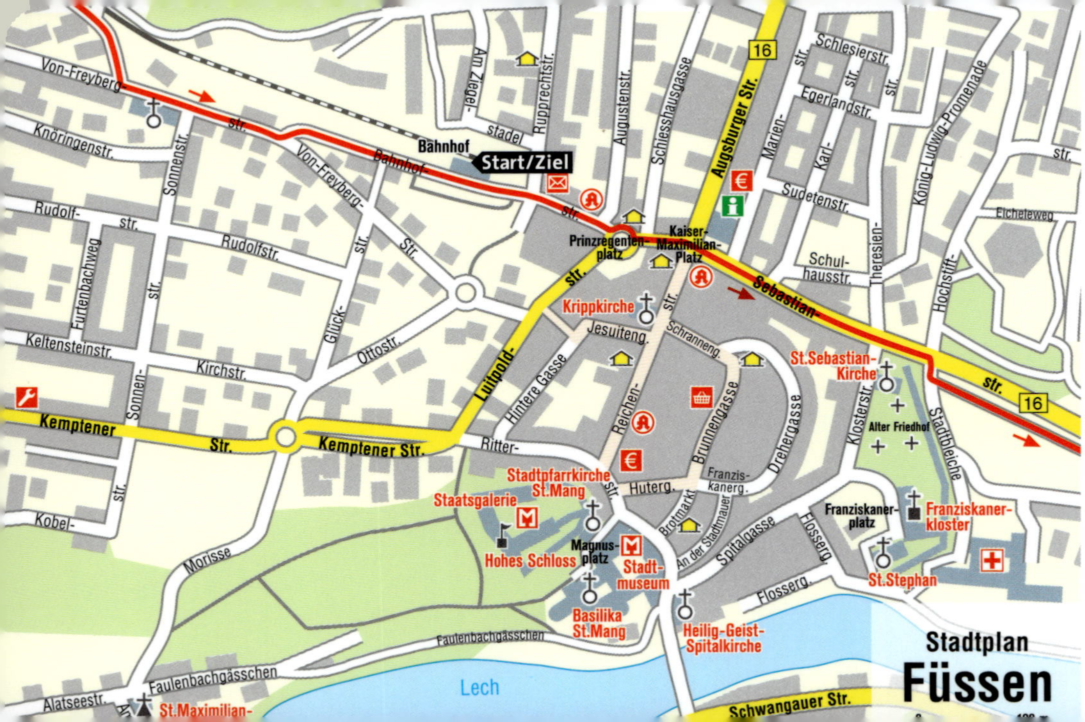

nauf, an den Restaurants und Kiosken vorbei auf den Parkplatz zu. Rechts oben liegt nun das **Schloss Hohenschwangau**. Ein Blick zurück und wir sehen zum **Schloss Neuschwanstein** hinauf. Am Ende der „Alpseestraße“ erblicken wir den **Alpsee**. Wer beide Schlösser besichtigen möchte, sollte viel Zeit mitbringen. Zur Fortsetzung der Radltour fahren wir zurück zur Kreuzung. Schräg links gegenüber radeln wir nun auf dem Radweg an der „Schwangauer Straße“ entlang nach **Schwangau** 11. Wir treffen auf die „Münchener Straße“, radeln nach rechts am Rathaus vorbei und biegen links in die Straße „Kröb“ ein. Die Straße führt uns geradeaus nach **Waltenhofen**. Hier heißt sie „Kreuzweg“. Am „Moarweg“ biegen wir rechts ein und radeln wieder auf unserer Seentour.

Wir benutzen den Radweg rechts der Straße und gelangen unterhalb der B16 an das Lechufer. Wir fahren unter der Brücke hindurch zum **Steg am**

Wehr auf die andere Flussseite. Hier heißt unser Weg „Forchenweg“ dem wir links folgen und geradeaus nach **Horn** 02 gelangen. Wir stoßen auf die „Forggenseestraße“ und fahren nach links aus Horn hinaus an das Ufer des **Forggensees** nach **Waltenhofen** 03. Der „Moarweg“ führt uns durch den Ort zur „Forggenseestraße“, die uns halbrechts weiter nach **Brunnen** führt. Hier biegen wir rechts ein in die „Seestraße“ und nach wenigen Metern links in den „Deutenhauser Weg“. Auf ihm radeln wir nun auf den schönen Landstreifen zwischen **Forggensee** und **Bannwaldsee** an den **Hegratsrieder See** nahe dem gleichnamigen Weiler.

Zur **Kapelle** 04 am Weiler **Hegratsried** sollten wir unbedingt hoch radeln, denn der Blick in die Berge ist wunderschön.

Wir folgen dem Weg und erreichen **Greith**. Im Ort halten wir uns rechts und stoßen auf die Kreis-

Tour 11
Fahrenberg
846
Dürrenbichel
Hartenberg
Straßberg
827
Roßhaupten
815
06
Dorf-
museum
La Fattoria
Maria
Steinach
Kalvarien-
berg
829
861
Tiefentalkapelle
Tiefentalbrücke
Tiefental
Bernmoosbach
863
Hörnle
968
Schwarzenbach
Dietringen
07
Segelschule
Schifffahrt
01.06.-15.10.
Schernberg
848
833
Via Claudia Augusta
Meilenstein
05
Kraftwerk
Roßhaupten
Staustufe 1
Premer Lechsee
Illasberg
852
855
Illasbergsee
801
Buchberg
889
853
845
Kniebis
835
Schapfensee
Greith
853
Kühberg
829
Dorniger Bühel
832
Rauhenbichl
Kühmoossee
848
Pfaffeck
869
855
Berghof
St. Peter
835
Bayerniederhofen
Hafenfeld
Sägewerk
Halblech
Eschenberg
890
Vogel-
beobachtungsstation
786
807
Kaltenbrunner See
Wilder Bühel
790
877
Birnbaum
17
Romantische Straße
Dorfmuseum im Hölzler
Trauchgau
792
800

straße am **Kühmoossee**. Hier biegen wir links ab auf den Radweg links der Straße. Er führt uns nach **Rauhenbichl** und weiter nach **Kniebis**. Linker Hand haben wir das schöne Alpenpanorama mit dem Forggensee. Vor uns erstreckt sich bald der **Illasbergsee** mit dem Strandbad. Der Weg bringt uns hinunter an die **Staustufe** 05, an der der Lech zum Forggensee aufgestaut wird. Wir radeln hirüber und bergauf geht es am **Kunstpark** vorbei Richtung **Roßhaupten** 06.

Roßhaupten – Füssen / 17 km / 1:15 Std.

Vor der Auffahrt zur Bundesstraße biegen wir links ab auf den Weg der parallel zur B16 geführt wird. Am Forggenseezufluss fahren wir über den Steg und biegen einige Meter später vom Radweg links ab nach **Dietringen** 07. Im Ort halten wir uns rechts und folgen dem Weg bis zum **Tierheim**. Gleich dahinter schwenken wir links ab auf den Weg hinauf nach **Osterreinen**

08. Geradeaus fahren wir durch Osterreinen hindurch auf der „Forggenseestraße“ zum **Wirtshaus am Strandbad**. Am Strandbad biegen wir rechts ab hinauf nach **Sankt Urban** an die Bundesstraße. Hier halten wir uns zur **Kirche** hin, queren die Bundesstraße an der Kirche und radeln nach **Erkenbollingen**. Dort biegen wir rechts ein und fahren über **Heidelsbuch** nach **Hopfen am See** 09. In der „Riedener Straße“ errei-

St. Urban am Forggensee.

chen wir Hopfen und radeln auf die **Kirche** St. Peter und Paul zu. Hier biegen wir links ab hinunter an den **Hopfensee**. Ab hier radeln wir auf dem Uferweg nach rechts an Hopfen vorbei entlang der Uferstraße zum **Sportplatz und Strandbad**. Wir fahren zum Strandbad und nehmen den einzigen Weg der uns geradeaus weiter am Ufer entlang führt. Wir folgen dem Weg durch die herrliche Landschaft bis er die **Bahnlinie** tangiert. Hier treffen wir auch auf eine Straße, der wir nach links folgen. Am Waldrand biegen wir rechts ab und treffen bald auf die **Kreisstraße**. Hier halten wir uns rechts und benutzen gleich die Parallelstraße zur Kreisstraße. An der Einmündung queren wir die Kreisstraße und radeln auf dem Weg nach links unter der Brücke hindurch entlang der Bahn an die „Froschenseestraße“. Hier radeln wir über die Bahn bis an die „Mariahilfer Straße“, biegen links ein und fahren entlang der Bahn auf die „Bahnhofstraße“ zu und sind zurück am **Bahnhof** **Füssen** 01 **Ziel**.

AUSFLUGSZIELE / SEHENSWÜRDIGKEITEN & EINKEHRTIPPS

Füssen 01

Wer sich im Königswinkel der Stadt Füssen nähert, dessen Blick wird auf das Hohe Schloss und das Kloster St. Mang gezogen. Unterhalb der Burganlage liegt die Altstadt mit ihren engen Gassen und Winkeln aus dem Mittelalter. Füssen aber ist noch viel älter. Als römischer Militärposten an der Via Claudia Augusta wird Füssen schon im 3. Jahrhundert genannt. Zu dieser Zeit wird der Name als „fauces", Schlund erklärt, später, ab dem 12. Jahrhundert, als die Mehrzahl von „Fuß" gedeutet. So erkennen Sie im Wappen der „Königlich Bayerischen Stadt" drei Füße.
Hier, wo sich der Lech durch eine Schlucht seinen Weg aus den Alpen bricht, errichtete der Heilige St. Magnus, ein Wandermönch aus dem Kloster St. Gallen, 748 das Benediktinerkloster St. Mang.
Die wenigen Häuser am Lech wurden zu einer ansehnlichen Siedlung und später, etwa 1295, urkundlich als Stadt genannt. So ganz eindeutig ist die Verleihung der Stadtrechte jedoch nicht. Hingegen ist bewiesen, dass die Augsburger Bischöfe als Landesherren das Schloss von 1486 bis 1505 zu ihrer Sommerresidenz ausbauten. Wohl ein romantischer Ort. Dies mussten auch die bayerischen Könige Maximilian II. und Ludwig II. erkannt haben, als sie ihre Schlösser Hohenschwangau und Neuschwanstein bauen ließen.
Als Folge der Säkularisierung fielen Füssen und das Kloster in den ersten Jahren des 19. Jahrhunderts an das Königreich Bayern.

Kloster St. Mang, dahinter das Hohe Schloss.

Die Wiege des Lautenbaues liegt wohl in Füssen. Hier wurde 1562 die erste Lautenbauerzunft Europas gegründet. Auch wegen der Lage an der Handelsstraße blühte das Geschäft mit den Saiteninstrumenten. Heute gibt es noch drei Werkstätten, in denen der Geigen- und Lautenbau gepflegt wird.

Das **Hohe Schloss** steht auf dem Schlossberg über der Altstadt. Errichtet wurde es als Burg von Herzog Ludwig II. von Bayern, der seine Ansprüche über das Füssener Gebiet mit der Anlage der Burg absichern wollte. Im Jahre 1292 kam es zu heftigen Auseinandersetzungen mit den Bischöfen von Augsburg. In einem Vergleich verzichtete der Herzog auf die Burg. 1313 verpfändete Kaiser Heinrich VII. die Vogtei an Bischof Friedrich I. von Augsburg. Später erwarb das Hochstift den Burgberg und baute die Burg 1486 zum Schloss und zur Sommerresidenz um. Das Schloss wurde zuletzt 1966 renoviert. Besonders sehenswert sind der Rittersaal und der renovierte Uhrtum.
Der Nordflügel beherbergt heute die Bayerische Staatsgemäldesammlung mit dem Schwerpunkt „Schwäbische Malerei". Der Innenhof besticht durch seine Illusionsmalereien. Wer einen fantastischen Blick über die Altstadt bis zum Forggensee erleben möchte, der steigt auf den Uhrturm des Schlosses.

Das **Kloster St. Mang** geht auf die Gründung durch den heiligen Wandermönch Magnus aus St. Gallen zurück. Das heutige Barockkloster wurde zwischen 1697 und 1726 erbaut. Die Barockanlage im italienisch anmutenden Stil wurde vom einheimischen Baumeister Johann Jakob Herkomer, der seine Ausbildung in Venedig erhalten hatte, vollendet. Den Mittelpunkt bildet der Fürstensaal mit seiner reichen Ausstattung an Fresken und Stuckarbeiten, den der Innenarchitekt Andrea Maini und der Hofmaler Franz Georg Hermann gestalteten.

Schloss Hohenschwangau.

Die barocke Pracht ist in der imposanten Bibliothek des Benediktinerklosters zu bestaunen. Der Raum überrascht durch seine ovale Form und die hohe Kuppel sowie durch die Öffnung in der Mitte des Saales hinunter zum Refektorium, dem Speisesaal der Mönche. Die Räume sind Teil des Museums der Stadt Füssen

Unterhalb des Klosters liegt die reich bemalte **Spitalkirche Heilig Geist**, die von Franz Karl Fischer 1749 erbaut wurde.

Schwangau 11

Die ersten Siedlungen um das heutige Schwangau herum entstanden während der römischen Besatzung an der Via Claudia Augusta, der Handelsstraße, die über die Alpen bis an die Donau führte. Den Römern folgten die Alemannen so um das Jahr 600 n. Chr. In die Zeit der Christianisierung fiel die Errichtung der Kirche in Waltenhofen 746 durch den Heiligen Magnus. „Castrum Swangowe“ wurde Schwangau im Jahre 1090 genannt. Gemeint war die Doppelburg, Vorder- und Hinterschwangau, die „Welf der Ältere“ erbaute. Die Welfen herrschten hier bis zum Tode des letzten aus ihrem Geschlecht im Jahre 1268. Dann fiel das Land an die Staufer. Die Welfen hatten Schwangauer Adelige zu Ministerialen und Verwaltern bestellt. Auch die Herzöge von Bayern behielten sie als Pfleger im Amt. Im Jahre 1536 verstarb der letzte Schwangauer. Der Augsburger Kaufmann Johann Paumgertner kaufte die Burg Schwanstein zu Lebzeiten von den Schwangauern und baute die verwahrloste Burg wieder auf. Sie ist das heutige Schloss Hohenschwangau. Nach seinem Tod ging durch Verkauf der Burg die Herrschaft auf Herzog Max I. von Bayern über. Während der Napoleonischen Kriege 1809 wurde sie schwer beschädigt und später als Ruine verkauft. König Max II. erwarb sie und ließ sie nach Plänen von Dominicus Quaglio im neugotischen Stil bis 1836 wieder erbauen und zum Schloss umgestalten. Ludwig der II. von Bayern, der älteste Sohn von König Max II., ließ an der Stelle von Vorder- und Hinterschwangau das Schloss Neuschwanstein errichten.

Neuschwanstein ist das berühmteste aller Schlösser des Bayernkönigs Ludwig II. und eine der bekanntesten Sehenswürdigkeiten Deutschlands. König Ludwig II., der „Märchenkönig“ wie er genannt wurde, ließ die Bauarbeiten an seinem Schloss 1869 beginnen. Es sollte dem Bilde nach eher einer Ritterburg als

einem Schloss entsprechen. Seine Wünsche und Vorstellungen wuchsen und änderten sich mit dem Fortschreiten des Baues. Aus einem Arbeitszimmer wurde der Thronsaal, Gästezimmer wurden wieder gestrichen, um Platz für einen Maurischen Saal zu bekommen. Zunehmend plagte den König Geldknappheit. Er erhielt zwar Zuwendungen aus dem Welfenfonds auf Weisung des Kaisers, aber weitere neue Bauprojekte verschlangen zusehends viel Geld. Ab 1884 bewohnte König Ludwig II. sein Schloss; es glich jedoch noch einer Großbaustelle bis zu seinem Tod 1886. Ganze 172 Tage lebte er im Schloss Neuschwanstein.
In seinen romantischen Vorstellungen verehrte er die musikalischen Sagenwelten, wie Richard Wagners Tannhäuser und Lohengrin. Länger als auf Neuschwanstein lebte Ludwig auf Schloss Linderhof, das bereits 1878 fertiggestellt worden war. Schloss Herrenchiemsee sollte nach dem Vorbild des Schlosses Versailles erbaut werden. Es wurde aber nie fertig. Auf dem Schachen am Wetterstein baute sich Ludwig II. ein alpines Holzhaus. Hier in der Einsamkeit der Berge verbrachte er ab 1870 seine Geburtstage.

Das **Schloss Hohenschwangau** war einst die Burg der Edlen von Schwangau. Oftmals wurde sie zerstört und wieder aufgebaut. 1832 erwarb König Maximilian II. die Burg und ließ sie bis 1836 zum Schloss umbauen.

Forggensee

Das Schmelzwasser des Lechgletschers füllte nach der Eiszeit den „Füssener See" hinter dem Lechdurchbruch. Unweit der heutigen Staustufe Roßhaupten brach sich das Seewasser durch den Bergriegel einen Weg und floss aus. Die tiefsten Stellen des ehemaligen „Füssener Sees" sind heute der Bannwaldsee und Hopfensee sowie Schwan- und Weißensee. Der Forggensee füllt ein natürliches Becken auf einer Länge von rund 12 Kilometern und einer Breite von drei Kilometern. Er ist einer der größten Stauseen Deutschlands.
Zum ersten Mal füllte er sich 1954. Zuvor wurden ganze Orte verlegt. Forggen und Deutenhausen sowie Teile von Brunnen versanken in den Fluten. In den Orten Brunnen, Waltenhofen und in der Bucht bei Horn finden sich Schautafeln zur Geschichte des Stausees. Neben seiner eigentlichen Aufgabe, der Energiegewinnung und der Regulierung des Lechhochwassers sowie der Sicherung des Donauwasserstandes, ist er heute für den Tourismus im Königswinkel ein Anziehungspunkt. Eine besondere Attraktion ist die **Forggenseeschifffahrt**. Die Personenschiffe verkehren von Juni bis Oktober. In dieser Zeit hat der Stausee auch seine volle Stauhöhe erreicht. Die MS

Schloss Neuschwanstein.

Hopfen am Hopfensee.

„Allgäu“ und MS „Füssen“ legen vom Bootshafen in Füssen ab und starten zu ihren kleinen und großen Rundfahrten. Mit der ersten MS „Füssen“ und der MS „Roßhaupten“ startete 1955 die Personenschifffahrt auf dem Forggensee. Nach 25 Jahren wurden die beiden in Holzbauweise gefertigten Schiffe von den beiden heutigen Schiffen ersetzt.

Hopfen am See 09

An der langen Uferpromenade am Hopfensee genießen sie an der „Riviera des Allgäus“ das südländische Flair mit einem einzigartigen Blick zu den Allgäuer Alpen.
Der Hopfensee liegt in einem Landschaftsschutzgebiet. Hier sind Flora und Fauna besonders artenreich. Mit etwas Glück können Sie auch Fischreiher entdecken. Der See ist einer der wärmsten der Voralpenseen, da er lediglich 10 Meter tief ist. Somit ist er recht früh „badetauglich“. Hopfen am See ist seit 1968 anerkannter Luft- und Kneippkurort.

Tourismusinformation siehe ab S. 159
Übernachtungsverzeichnis siehe ab S. 161

Tour 12 Marktoberdorf – Wald – Lengenwang – Marktoberdorf

Vom Wertachtal zum Römerbad in Marktoberdorf

37 km	2:30 Std.	140 hm	140 hm			GPS-Koordinaten / Start UTM Zone 32 x: 620.600 m y: 5.292.430 m

Startort: Marktoberdorf
Start/Ziel: Marktoberdorf, Bahnhof 729 m
Charakter: Wir folgen der Wertach oberhalb ihres Tales auf asphaltierten Straßen und Wegen. Leichte Steigungen führen uns über die Hügel im Süden von Marktoberdorf zu vielen kleinen Seen.
Verkehr: Mit Verkehr ist lediglich in Marktoberdorf zu rechnen. Ansonsten sind die Straßen eher ruhig.

Tipp: An der neuen Staatsstraße bei Kohlhunden liegt das Römerbad Marktoberdorf. Es ist die größte römische Villa-Rustica-Anlage im Allgäuer Raum. Die Anlage ist jederzeit zu besichtigen.

Ausflugsziele / Sehenswürdigkeiten & Einkehrtipps siehe S. 111

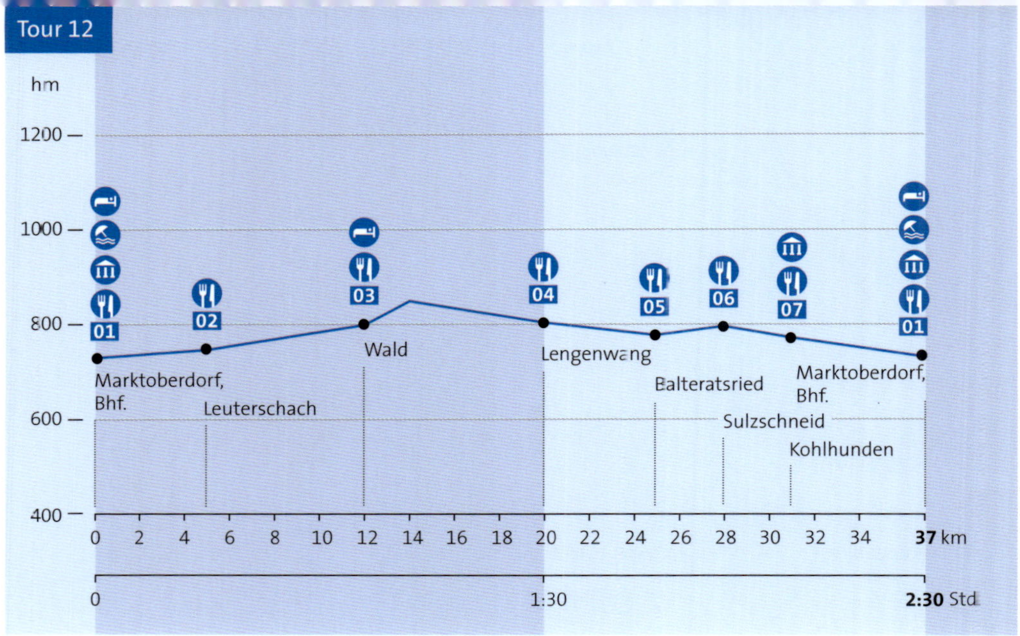

Marktoberdorf – Lengenwang / 20 km / 1:30 Std.

Start Start und Ziel ist am **Bahnhof in Marktoberdorf** **01** in der „Bahnhofstraße“. Wir halten uns rechts und radeln ein Stück auf dem ausgeschilderten **Allgäuradweg**. Nach etwa 200 Metern biegen wir rechts ab und radeln vor der Bahngleisen links, jetzt entlang der Bahn über die Straßenbrücke zum **Haltepunkt Marktoberdorf Schule**. Wir halten uns geradeaus und fahren auf dem „Mühlsteig“ bis zum Weg der uns rechts durch die Sportanlage wieder an die Bahnlinie führt. Jetzt folgen wir den Bahngleisen aus Marktoberdorf hinaus nach **Fechsen** und weiter zum **Haltepunkt Leuterschach** der Bahn. Danach queren wir den Lobach und schwenken gleich hinter der Brücke nach rechts ab in die „Mühlobstraße“ nach **Leuterschach** **02** hinein. An der „Leuterschacher Straße“ schwenken wir rechts ein und biegen an der Rechtskurve links ab in die „Schwendener Straße“. Bald erreichen wir **Schwenden** am

Marktoberdorf, Kirche St. Martin.

Wertachtal. Nach der Kapelle biegen wir links ab und radeln bergauf Richtung Wald. An der Wegkreuzung fahren wir jetzt auf einem schmäleren Weg geradeaus und stoßen auf einen Fahrweg, dem wir nach links an die „Marktoberdorfer Straße" folgen. Nach rechts schwenken wir ein und erreichen **Wald** **03**. Die „Nesselwanger Straße" führt uns durch den Ort. Wir folgen weiterhin der Straße, halten uns links und benutzen den Radweg parallel der Straße über **Hofen** bis nach **Wimberg**. Hier nehmen wir den Fahrweg links nach **Kaufmanns**, halten uns geradeaus und radeln am Querweg links nach **Kippach** und weiter nach **Stechele**. Wir fahren rechts an die Kreisstraße, biegen rechts ein und radeln über **Albisried** zum Ortsteil **Reuthe** der Gemeinde **Lengenwang** **04**.

Marktoberdorf, Schloss.

Lengenwang – Marktoberdorf / 17 km / 1:00 Std.

Von der „Bahnhofstraße" in Reuthe biegen wir links ab nach **Außerlengenwang**. Wir radeln geradeaus durch den Ort, fahren über den Steinbach und halten uns dann rechts ins Kippachtal nach **Kippachmoos**. Rechts schwenken wir ab und gelangen durch die Bahnbrücke nach **Balteratsried** **05**. An der Kreisstraße fahren wir kurz nach links und gleich wieder nach rechts zur Mühle am Lobach. Hier schwenken wir nach rechts ab auf die Straße nach **Sulzschneid** **06**. Den Ort erreichen wir in der „Badfstraße", die uns zur „Ho-

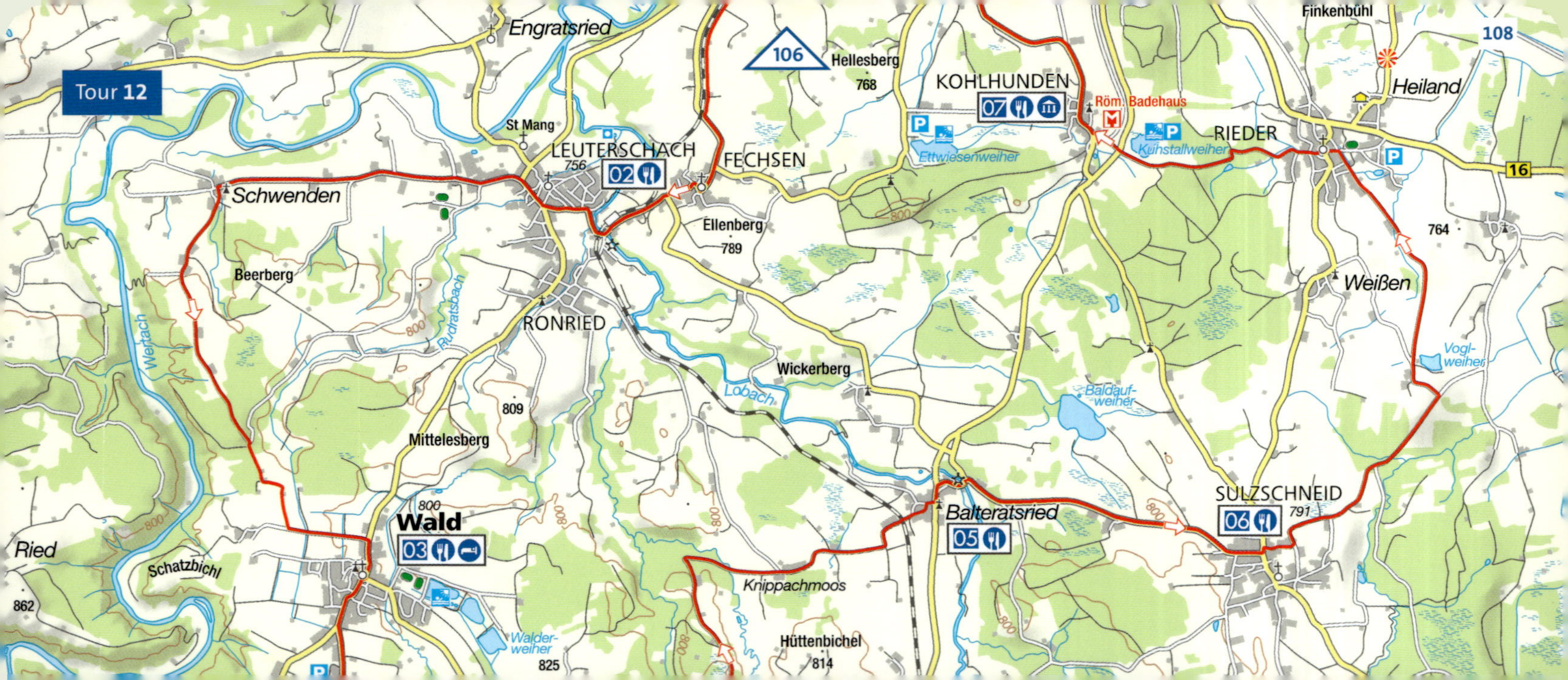
Tour 12
Engratsried
106
Hellesberg
768
KOHLHUNDEN
Röm. Badehaus
Finkenbühl
108
Heiland
RIEDER
Kuhstallweiher
Ettwiesenweiher
16
St Mang
LEUTERSCHACH
756
FECHSEN
Schwenden
Ellenberg
789
764
Beerberg
Weißen
RONRIED
Rudratsbach
Wertach
Wickerberg
Lobach
Vogl-
weiher
Baldauf-
weiher
809
Mittelesberg
SULZSCHNEID
791
Balteratsried
800
Wald
Ried
Schatzbichl
862
Knippachmoos
Hüttenbichel
814
Walder-
weiher
825

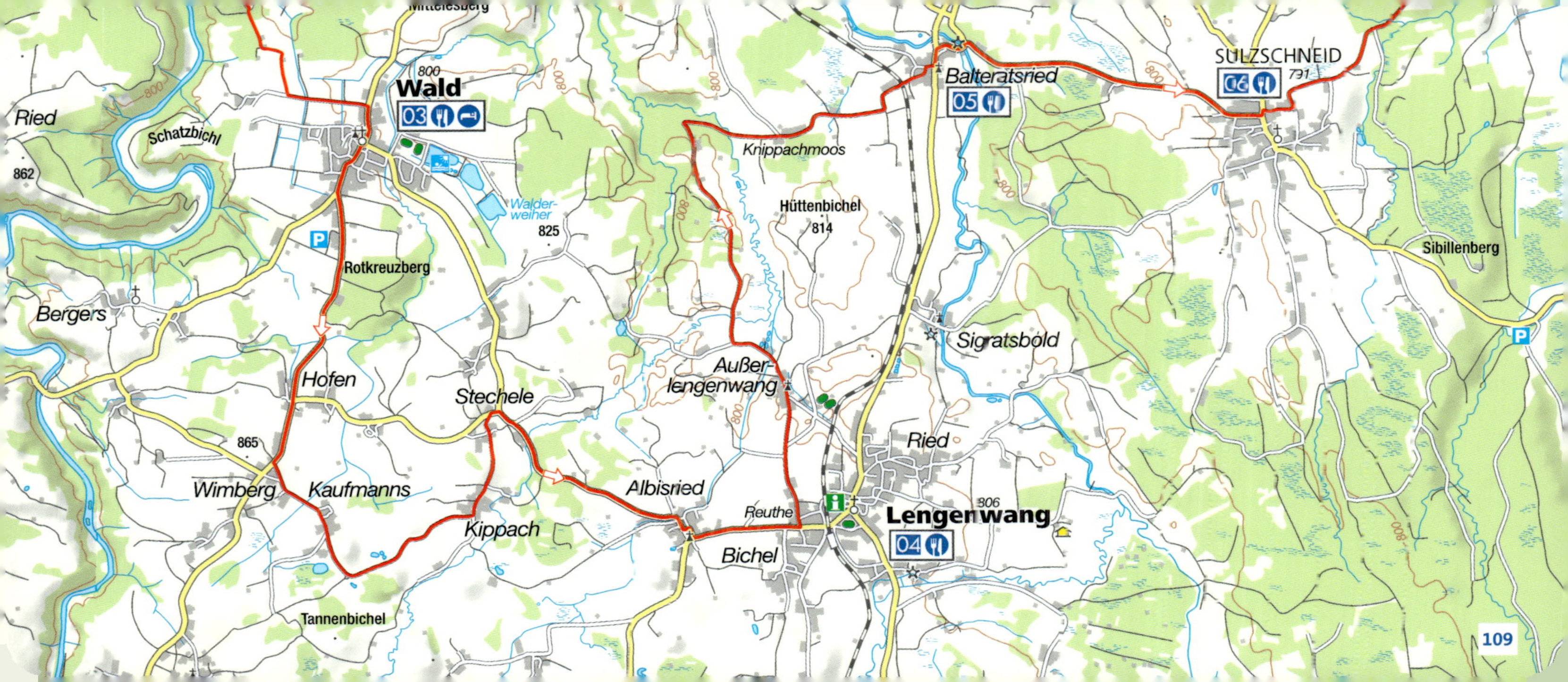
Mittelesberg
Wald
800
03
Ried
Schatzbichl
862
Walder-
weiher
825
Rotkreuzberg
Bergers
Hofen
Stechele
865
Wimberg
Kaufmanns
Kippach
Tannenbichel
Knippachmoos
Hüttenbichel
814
Außer-
lengenwang
Albisried
Reuthe
Bichel
Balteratsried
05
SULZSCHNEID
06
791
Sibillenberg
Sigratsbold
Ried
806
Lengenwang
04

Kempten, Kornhaus Allgäu-Museum

heneggstraße" führt. Schräg links gegenüber radeln wir weiter in der „Auerbergstraße" aus Sulzschneid hinaus Richtung Vogelweiher. Am Marterl biegen wir links ab auf den Weg zum **Vogelweiher** und nach **Rieder**. Im „Sippholzerweg" erreichen wir Rieder und biegen im Ort am Sägewerk links ab in die „Moosackerstraße". Auf ihr fahren wir an die „Weißener Straße", biegen rechts ein und am „Mühlweg" links. Geradeaus verlassen wir Rieder, fahren über den Hügel und am **Kuhstallweiher** vorbei, unter der Staatsstraße hindurch nach **Kohlhunden** 07 hinein. Gleich hinter der Straßenbrücke erkennen wir das **Museum des „Römischen Badehauses"**. Wir halten uns rechts durch den Ort und folgen der Straße nach Marktoberdorf. In der „Seegerstraße" radeln wir nach **Marktoberdorf** hinein, die dann zur „Meichelbeckstraße" wird. An der „Bahnhofstraße", die links abzweigt, biegen wir ein, radeln am **Schul- und Sportzentrum** vorbei über die B472 zurück an den **Bahnhof Marktoberdorf** 01 Ziel

Marktoberdorf 01

Eines der Wahrzeichen der Stadt ist die **Pfarrkirche St. Martin** auf dem Schlossberg über der Altstadt. Bereits um 750 stand an dieser Stelle die Reichshofkirche. Im 12. Jahrhundert wurde eine Kirche im romanischen Stil erbaut. Es folgte um 1430 ein weiterer Kirchenbau und letztendlich 1734 die heutige Rokoko-Kirche die von Johann Georg Fischer erbaut wurde.

Marktoberdorf, Pfarrkirche St. Martin

Das **Fürstbischöfliche Schloss** auf dem Schlossberg war früher Amtssitz der Vögte und Jagdschloss der Augsburger Fürstbischöfe. Bereits 1424 stand ein Schloss in Oberdorf. Fürstbischof Heinrich von Lichtenau errichtete einen Neubau im spätgotischen Stil. Dieses eher schmucklose Schloss musste dann um 1722 einem heiteren Barockschloss weichen. Johann Georg Fischer vollendete den Bau 1761. Heute ist das Schloss Sitz der Bayerischen Musikakademie.

Am Marktplatz in der Altstadt steht die **Frauenkapelle** seit dem Jahre 1475. Die Bürgerschaft von Oberdorf stiftete die Kapelle für kranke und alte Bürger, die den Weg zur Pfarrkirche nicht gehen konnten. Auch das Alte Rathaus steht am Marktplatz. Es wurde 1723 von Johann Fischer erbaut. Später wurde der Baustil in einen gotischen Stil geändert. Heute zeigt das Alte Rathaus wieder seine ursprüngliche Form.

Kurfürstenallee

Von der Mitte der Stadt führt die zwei Kilometer lange Allee, die Kurfürst Clemens Wenzeslaus anlegen ließ, Richtung Ufer der Geltach. Der gut 200 Jahre alte Baumbestand wurde zwischen 1774 und 1780 gepflanzt. Der Blick von der Allee reicht bis zu den Bergen der Allgäuer Alpen.

Marktoberdorf, Frauenkapelle und altes Rathaus.

Tourismusinformation siehe ab S. 159
Übernachtungsverzeichnis siehe ab S. 161

Tour 13 Kaufbeuren – Biessenhofen – Aitrang – Kaufbeuren

Durch das Wertachtal zum Elbsee

36 km	2:30 Std.	119 hm	119 hm		

GPS-Koordinaten / Start
UTM Zone 32 x: 621.900 m y: 5.303.850 m

Startort: Kaufbeuren
Start/Ziel: Kaufbeuren, Bahnhof 679 m
Charakter: Eine leichte Radtour auf vielen asphaltierten Wegen und Nebenstraßen entlang der Wertach hinauf ins Hügelland.
Verkehr: Autoverkehr werden wir eher nicht antreffen, mit Ausnahme des Stadtgebietes Kaufbeuren.

Tipp: Am herrlich gelegenen Elbsee können Sie sich ein Ruderboot am Restaurant ausleihen und die Füße im Wasser baumeln lassen.

Ausflugsziele / Sehenswürdigkeiten & Einkehrtipps siehe S. 119

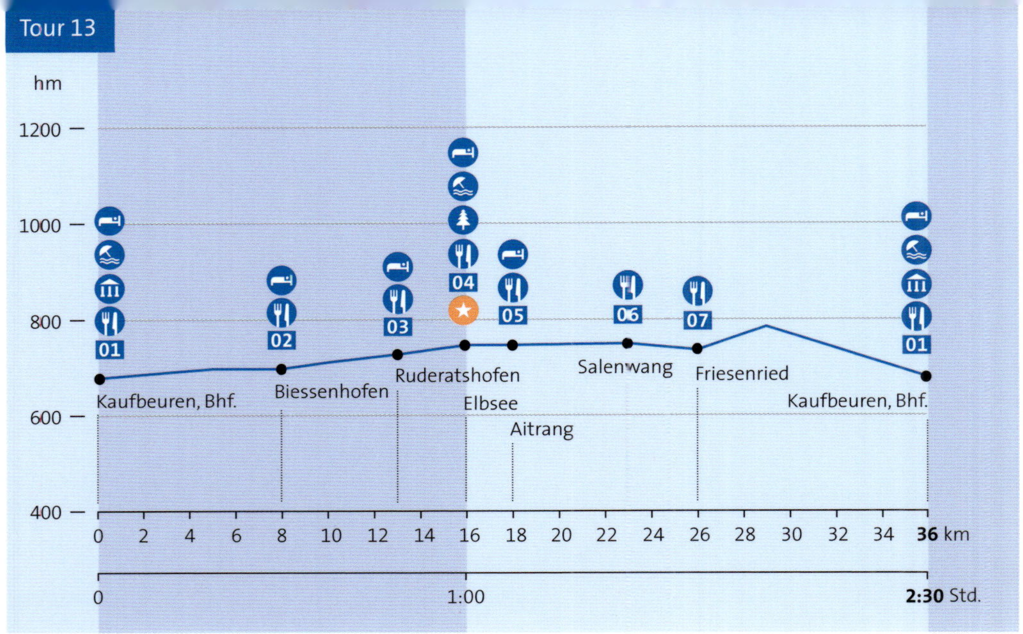

Kaufbeuren – Elbsee / 16 km / 1:00 Std.

Start Auf geht es zur Radrundtour an der „Bahnhofstraße“ am **Bahnhof von Kaufbeuren** 01. Am Parkplatz halten wir uns rechts und erreichen den Kreisverkehr. Hier bie-

Kaufbeuren, Rathaus.

Tour 13
Blöcktach
726
Schneckenberg
829
Wartturm
800
Skihütte
Steig
Friesenried
736
07
824
OBER-
BEUREN
Stadtplan S. 118
Stadt-
museum
Puppentheater-
museum
Start/Ziel
679
KAUFBEUREN
01
Hahnenberg
834
Allersberg
St.Bartholomä
Schöner Berg
St.Wendelin
Aschthal
800
Wertach
682
HIRSCHZELL
686
12
Bärensee
814
830
Salenwang
06
849
Sattlersbuckl
863
812
Huttenwang
768
728
16
Freyberg
730

Wenglingen
764
Umwangs
Münzenried
800
Apfeltrang
757
Leichertshofen
724
Ramersberg
Bachtelsee
Marxbauer
Biessenhofen
730
02
Hiemenhofen
Holdersberg
Schleifer
Hörmanshofen
Bergmang-Alpe
Eberle
Eltenberg
789
Ruderatshofen
03
727
Altdorf
745
Aitrang
05
Kirnach
Ebenhofen
717
Hungerberg
736
749
Kröttenbichl
12
745
Wertach
765
Moorbad
Immenhofen
732
16
04
Aitranger
Elbsee
B
Geisenhofen
Kühberg

gen wir an der ersten Straße ab, unter der Bahnbrücke hindurch, in die „Hirschzeller Straße" nach **Hirschzell**. An der „Bärenseestraße" fahren wir rechts ein, passieren die Kirche St. Thomas und radeln auf das **E-Werk am Bärensee** zu. Wir bleiben auf dieser Seeseite und halten uns am Ufer entlang. Bald nehmen wir den schmalen Weg rechts und kommen dem See ganz nah. Am Marterl schwenken wir vom See links weg und radeln über die Wiesen zurück an das **Wertachufer zum E-Werk** am **Bachtelsee**.

Hier wechseln wir die Seeseite und fahren auf dem Dammweg am Bachtelsee entlang bis zur **Brücke** über die Wertach. Hier schwenken wir nach rechts ab in die „Heubrückenstraße" und gelangen durch die Bahnbrücke nach **Biessenhofen** 02 an die B16 der „Kaufbeurener Straße". Ihr folgen wir bis kurz vor die Bahnbrücke und schwenken nach rechts ab in den „Eisenbahnweg". Jetzt radeln wir entlang der Bahn

Aitrang, Elbsee mit Restaurant.

über **Schleifer** nach **Ebenhofen**. Wir unterfahren zweimal die Bahn und gelangen an die „Biessenhofener Straße". Nach rechts fahren wir in den Ort hinein bis an die „Aitranger Straße". Hier radeln wir wieder nach rechts über den Bahnübergang und gelangen nach **Ruderatshofen** 03. An der Kurve am Ortsanfang halten wir uns geradeaus in die „Poststraße" und treffen auf die „Marktoberdorfer Straße". Wir biegen links ein und radeln bis zum „Wiesenweg", der rechts abzweigt. Er führt uns hinaus auf die Wiesen bis an den Elbsee mit den Campingplätzen, dem Freibad und dem Restaurant. Wir stoßen auf die Straße zum **Elbsee** 04. Der See liegt linker Hand. Wer dort rasten möchte biegt links ab und erreicht ihn nach 400 Metern.

Elbsee – Kaufbeuren / 20 km / 1:30 Std.

Wer gleich weiter radeln möchte, biegt rechts ab und folgt der Straße nach **Aitrang** 05 hinein. Die „Elbseestraße" trifft auf die „Lindenstraße". Ihr folgen wir ein kurzes Stück nach links zur „Friesenrieder Straße" und biegen hier nach rechts ab Richtung Friesenried. Wir folgen der Straße, kommen durch **Umwangs**, lassen **Huttenwang** links liegen und erreichen **Salenwang** 06. Hier radeln wir auf der Ortsdurchfahrt bis zum „Höhenweg“, der links abzweigt. Wir biegen ein, folgen der Rechtskurve und halten uns dann geradeaus auf dem schmalen Weg an **St. Bartholomä** vorbei, nach **Friesenried** 07. Im Ort gelangen wir an die „Hauptstraße“, biegen rechts ein und fahren bis zum „Schusterweg“. Hier fahren wir rechts hinein zum „Schulweg“, biegen links in ihn ab und radeln nach **Aschthal**.

Vor der Kapelle St. Wendelin halten wir uns links und folgen dem Weg zur Kreisstraße. Wir biegen rechts ein Richtung Kaufbeuren und halten uns aber an der Kurve geradeaus auf der schmalen Straße und weiterhin parallel zur Kreisstraße, die nun „Alte Steige“ heißt. Am „Schihüttenweg“ schwenken wir nach links ab und nehmen nach den ersten Häusern den halbrechten Weg durch das Wäldchen. Am Querweg biegen wir rechts ab und fahren durch die Gehöfte auf der Straße „Schönblick“ nach **Kaufbeuren** hinein. An der Einmündung von rechts folgen wir dem schmalen Weg, der immer noch „Schönblick“ heißt, bis an die „Kemnater Straße“. Wir folgen ihr geradeaus an den Kreisverkehr. An der zweiten Straße biegen wir ab und gelangen an die „Schmidgasse“, die uns nach rechts in die schöne **Altstadt von Kaufbeuren** führt. Sie ist Fußgängerzone.

An der „Kaiser-Max-Straße“ biegen wir rechts ab und stoßen auf die Straße „Am Breiten Bach“. Hier schwenken wir nach links ein und fahren geradeaus bis an die „Kurat-Frank-Straße“. Wir biegen links ein, queren die Bundesstraße und sind zurück an der „Bahnhofstraße“ und dem **Bahnhof Kaufbeuren** 01 **Ziel**.

Kaufbeuren, Münzturm mit St. Martinskirche.

Kaufbeuren, St. Blasiusturm und Kirche.

Kaufbeuren 01

Die Herren von Beuren waren Gefolgsleute der Welfen und gründeten Kaufbeuren an der Grenze zum Herzogtum Bayern. Gegen Ende des 11. Jahrhunderts machten die „Beurener" Kaufbeuren zu ihrem Adelssitz. Die erste Urkunde über Kaufbeuren stammt aus dem Jahre 1126. Die Staufer brachten im 12. Jahrhundert die Stadt unter ihre Herrschaft. Aber bereits 1286 wurde Kaufbeuren Freie Reichsstadt. Rudolf I. von Habsburg stellte die Privilegien aus. Zwei Belagerungen hielt Kaufbeuren stand. Erst versuchte sich Friedrich von Teck 1377, dann 1388 die bayerischen Herzöge daran. Mit dem Ende des Heiligen Römischen Reiches 1802 verlor Kaufbeuren mit der Verabschiedung des Reichsdeputationshauptschlusses, dem letzten Gesetz des Reichstages, seine Privilegien als Freie Reichsstadt und fiel an das Land Bayern.

Das Wahrzeichen von Kaufbeuren ist der **Fünfkopfturm** an der **Stadtmauer** im Westen der Stadt. Der Turm selber ist zwar nicht zu besteigen, aber von der Stadtmauer haben Sie einen tollen Blick auf die Dächer der historischen Altstadt. Er wurde als Wehrturm in der Stadtmauer 1420 erbaut. Die Besonderheit ist der 1917 eingebaute Schild in der Ostfassade. Es zeigt die Wappen der im Ersten Weltkrieg Verbündeten Bulgarien, Deutsches Reich und Österreich-Ungarn.

Das **Rathaus** von Kaufbeuren wurde vom selben Architekten gebaut wie das Münchner Neue Rathaus und das Wiesbadener Rathaus. Alle Rathäuser sind wunderschöne Renaissance-Bauten von Georg Ritter von Hauberisser. Eine Pracht ist der historische Sitzungssaal des Alten Rathauses.

Mitten in der Altstadt erhebt sich die **Kirche St. Martin**. Sie steht auf ehrwürdigen Ruinen, der Burg der Edlen von Buron aus dem Jahre 1167. Die erste Kirche an diesem Ort wurde im gotischen Stil erbaut, dann dem Stile der Barockepoche angepasst. Heute präsentiert sich die Kirche in einem neugotischen Gesicht.

Der **Münzturm** steht vor der Kirche St. Martin wie ein Tor. Im 15. Jahrhundert erbaut war er tatsächlich ein Torbau und führte in den Friedhof an der Kirche. Später wurde er zum Tresor der Kirchenverwaltung.

Elbsee 04

Der Elbsee bei Aitrang ist ein Freizeiteldorado mit einem Strandbad, Campingplatz, Restaurant, Hotel und einem Ruderbootverleih.

Tourismusinformation siehe ab S. 159
Übernachtungsverzeichnis siehe ab S. 161

Kaufbeuren, Fünfkopfturm mit Stadtmauer.

Tour 14 Günzach – Irsee – Eggenthal – Obergünzburg – Günzach

Zum Kloster Irsee und seiner Klosterbrauerei

44 km | 3:00 Std. | 244 hm | 244 hm

GPS-Koordinaten / Start
UTM x: 607.770 m
Zone 32 y: 5.297.260 m

Startort: Günzach
Start/Ziel: Günzach, Bahnhof 796 m
Charakter: Eine Radtour auf asphaltierten Wegen und Straßen. Viele Radwege führen entlang der Hauptstraßen. Einige Steigungen müssen wir bewältigen.
Verkehr: Auf dieser Radtour ist mit wenig Autoverkehr zu rechnen. In Obergünzburg und Günzach müssen wir auf den Ortsstraßen radeln.

Tipp: Am Kloster in Irsee liegt die Klosterbrauerei Irsee. Das Brauereimuseum bietet Führungen an und gewährt einen Blick in das Sudhaus. Es ist täglich von 9–19 Uhr geöffnet.

Ausflugsziele / Sehenswürdigkeiten & Einkehrtipps siehe S. 128–129

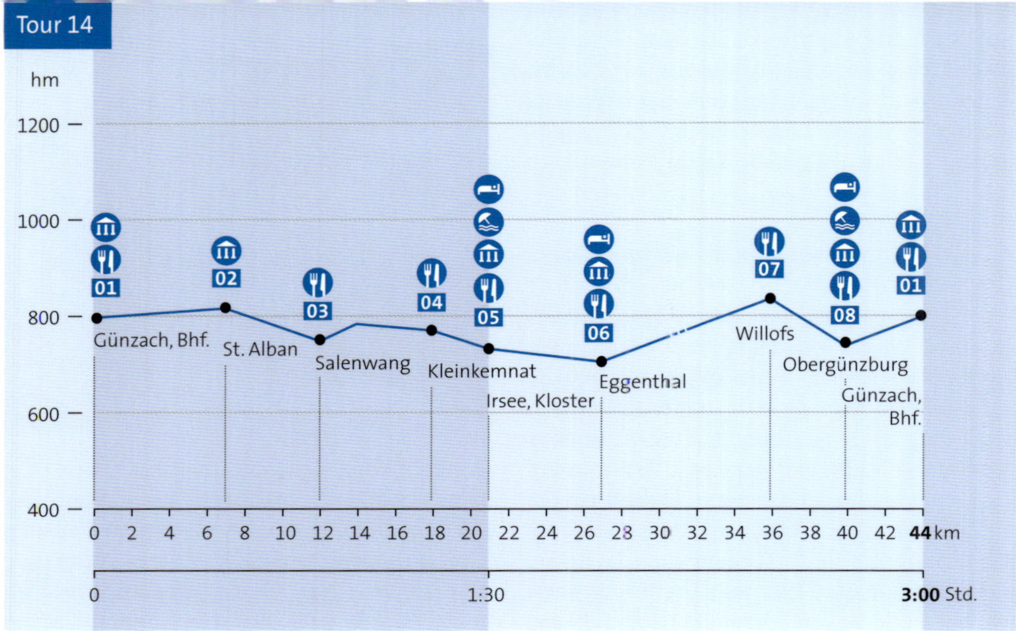

Günzach – Irsee / 21 km / 1:30 Std.

Start Wir beginnen unsere Radtour in **Günzach** 01 am **Bahnhof** an der Bahnlinie nach Marktoberdorf. Vom „Bahnhofplatz“ radeln wir hinunter an die „Hauptstraße“ halten uns rechts und biegen gleich nach links in die „Aitranger Straße“ ein. Sie führt uns aus Günzach hinaus und bergauf nach **Birnings**. Die Häuser des Ortes lassen wir links liegen und sehen bereits rechter Hand die Kapelle St. Alban auf dem Hügel. Von der Straße biegen wir rechts ab nach **Görlwang** und halten uns rechts zur **Kapelle St. Alban** 02. Hier oben genießen wir den Ausblick Richtung Alpen. Wir radeln zurück zum Abzweig an der Kreisstraße und noch etwa 500 Meter auf unserem Weg zurück bis zur Straße nach Münzenried. Hier biegen wir ein, erreichen **Münzenried** und fahren durch den Ort hindurch. In der Rechtskurve nehmen wir den schmalen Weg nach **Umwangs** und stoßen auf die Kreisstraße. Geradeaus geht es nun weiter nach **Huttenwang**. Der Ort liegt etwas abseits links der Straße. Wir fahren geradeaus nach **Salenwang** **03**. Am Ortsanfang passieren wir die Dreifaltigkeitskapelle und gelangen an den „Mühlweg“. Nach rechts biegen wir ein und radeln in den Wald hinauf nach Aschthal. An den Häusern von **Aschthal** halten wir uns rechts und radeln vor der **Kapelle** nach links bergauf bis an die Staatsstraße. Hier biegen wir rechts ein, fahren ein kurzes Stück durch den Wald und halten uns hinter dem Wald nach links Richtung **Großkemnat**. Leicht bergab rollen wir auf den Ort zu und biegen dann links ab und bergauf nach **Kleinkemnat** **04**. Im Ort halten wir uns links zur Kirche hin und fahren auf der Straße an **Bickenried** vorbei nach **Irsee** **05**.

Irsee Klosterbräu.

Irsee – Günzach / 23 km / 1:30 Std.

Die „Frühlingsstraße“ führt uns in die Ortsmitte. Zum **Kloster** biegen wir an der „Marktstraße“ rechts ab und sehen bereits die **Klosterkirche St. Peter und Paul** mit ihren beiden Kirchtürmen. Die **Brauerei** mit dem Brauereimuseum und dem Restaurant Klosterhof liegt am „Klosterring“ noch vor dem Kloster. Ausgeruht setzen wir unsere Radltour fort und befahren die „Marktstraße“ Richtung Eggenthal. Wir radeln auf der Straße bergauf und bergab über **Wielen** hinunter nach **Eggenthal** **06** in die Straße „Am Lugenbach“. Wir stoßen auf die „Römerstraße“, biegen nach links ein, folgen der Ortsdurchfahrt und schwenken vor der Bachbrücke nach links in die „Röhrwangstraße“ ab. Sie führt uns in das Tal des Röhrwanger Mühlbachs nach Röhrwang. Der Weg hinauf nach **Röhrwang** wird schmal und bleibt es auch bis nach **Rager**. Am Weiler halten wir uns rechts und dann geradeaus zur Kreisstraße nach **Völken**. Hier folgen wir der Ortsdurchfahrt und schwenken bei **Beschaunen** nach links ab über **Rufen** nach **Heißen**. Im Ort halten wir uns rechts über **Wielands** nach **Willofs** **07**. An der „Mindeltalstraße“ in Willofs schwenken wir links ein, verlassen den Ort und erreichen jenseits des Bergrückens **Burg**. Wir folgen der Straße hinunter ins Tal nach **Obergünzburg** **08**

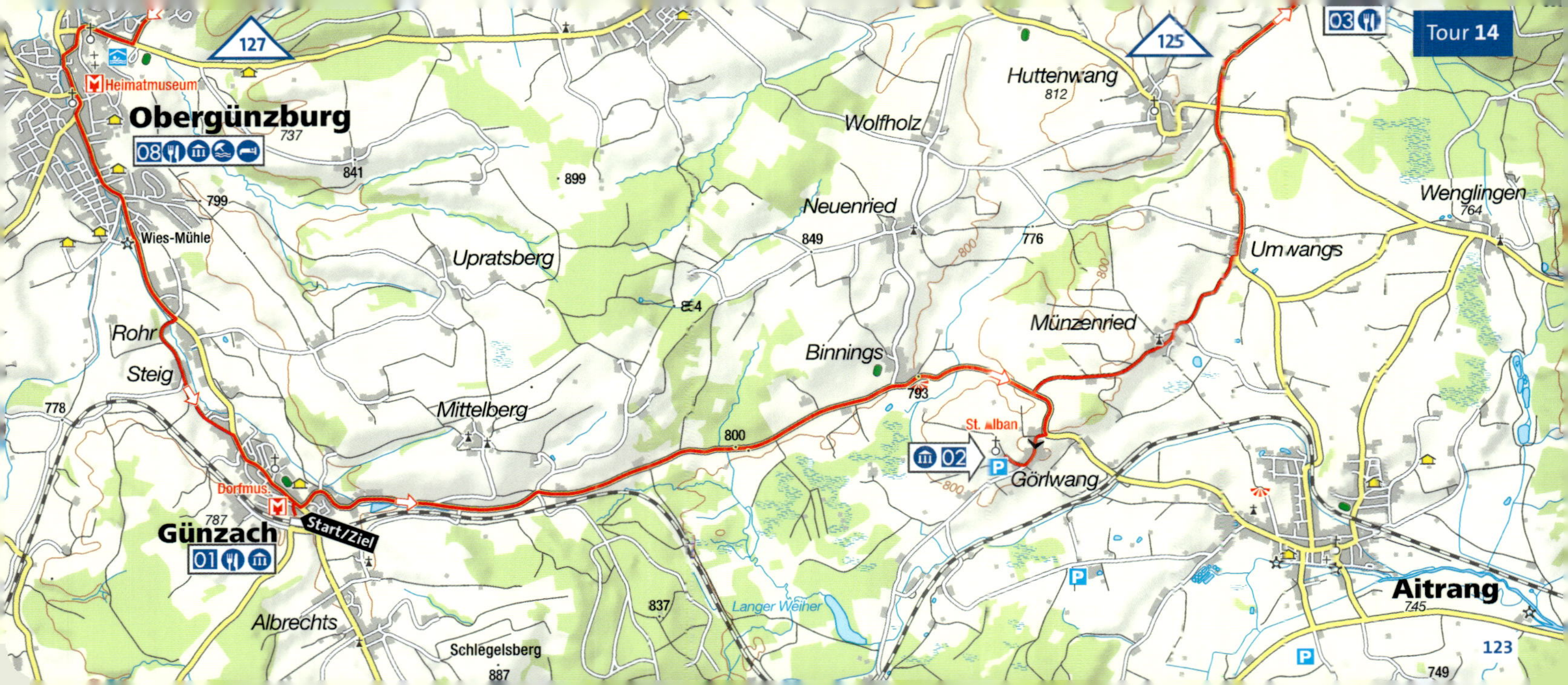
127
125
03
Heimatmuseum
Obergünzburg
737
08
841
899
799
Wies-Mühle
Huttenwang
812
Wolfholz
Neuenried
849
Wenglingen
764
776
800
Umwangs
Upratsberg
4
Münzenried
Rohr
Steig
Binnings
793
778
Mittelberg
800
St. Alban
02
Görlwang
Dorfmus.
787
Günzach
Start/Ziel
01
837
Langer Weiher
Albrechts
Schlegelsberg
887
Aitrang
745
749

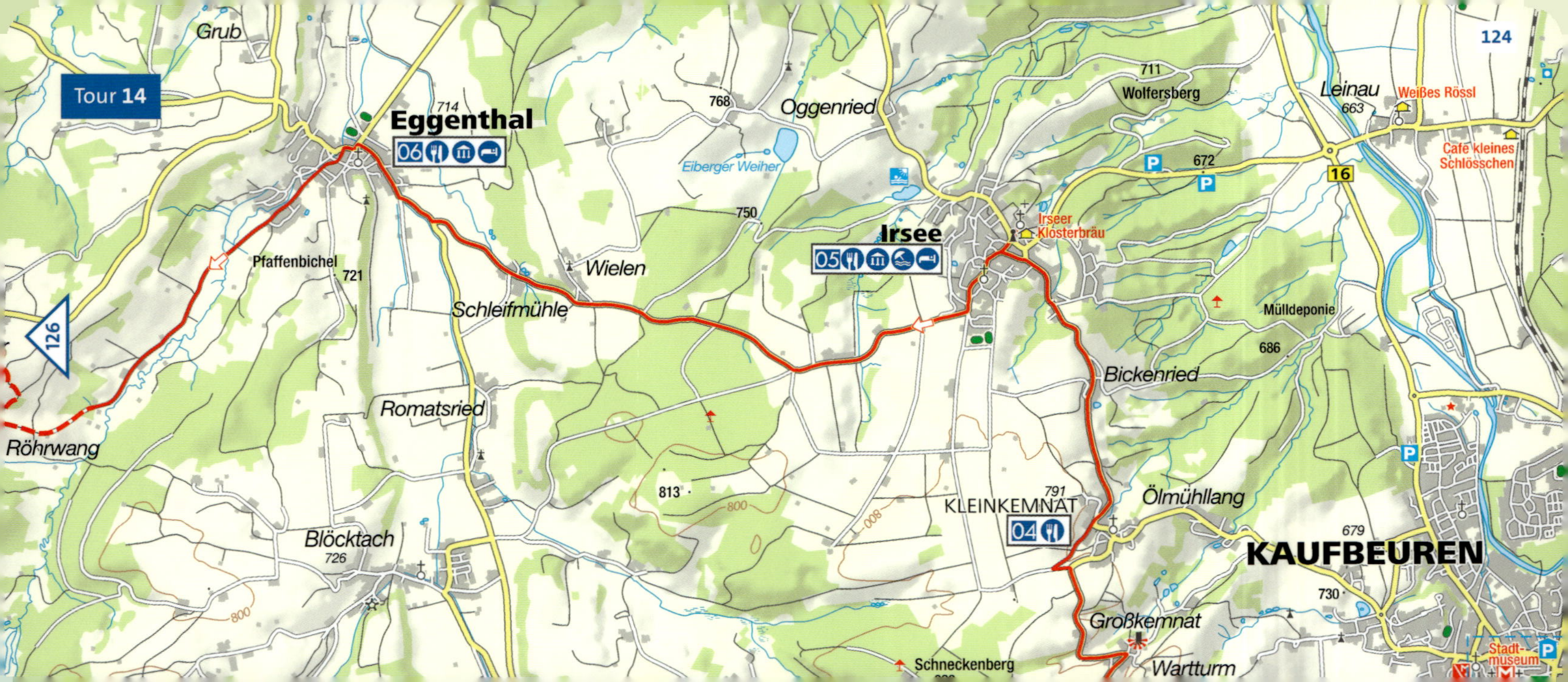
Tour 14
Grub
Eggenthal
714
06
768
Oggenried
711
Wolfersberg
Leinau
663
Weißes Rössl
Café kleines Schlösschen
16
672
Eiberger Weiher
750
Irsee
05
Irseer Klosterbräu
Pfaffenbichel
721
Wielen
Schleifmühle
Mülldeponie
686
126
Bickenried
Romatsried
Röhrwang
813
800
791
KLEINKEMNAT
04
Ölmühllang
679
KAUFBEUREN
Blöcktach
726
730
Großkemnat
Schneckenberg
Wartturm
Stadt-museum

und stoßen auf die Sportanlage. Nach rechts folgen wir der „Kaufbeurer Straße“ und biegen am „Unterer Markt“ links ein. Auf der Ortsdurchfahrt gelangen wir an die Kirche St. Martin und an das Rathaus. Wir bleiben auf der Ortsdurchfahrt der Straße „Oberer Markt“ und radeln auf Günzach zu. An der **Wiesmühle** können wir ein

Günzach, Kirche Maria Himmelfahrt.

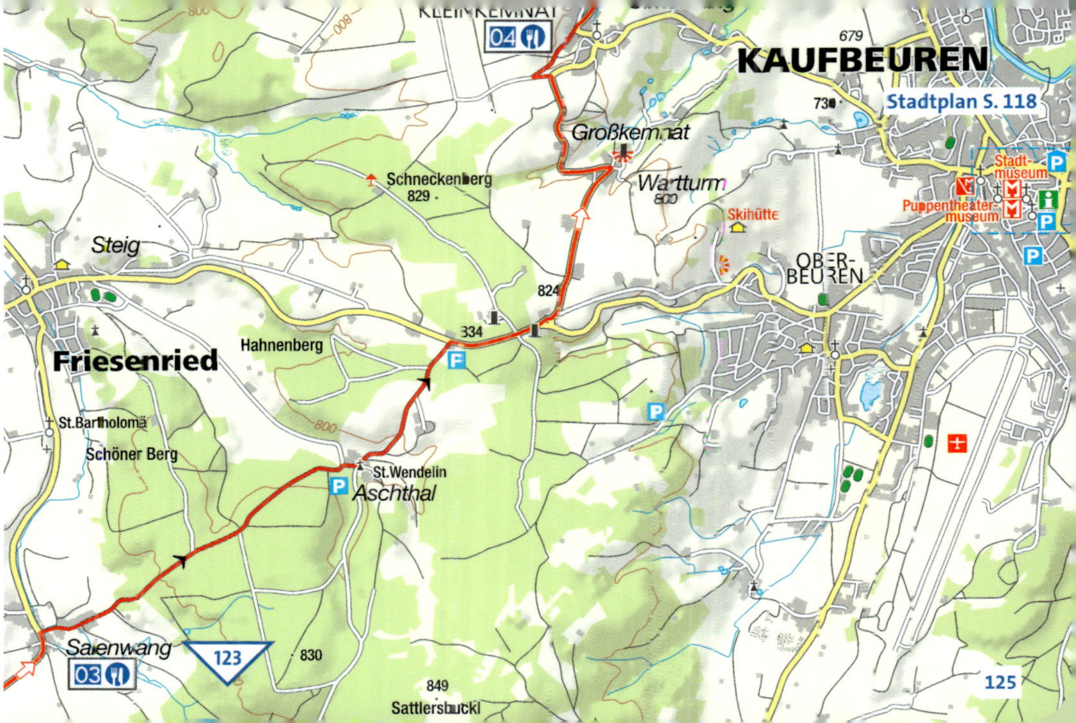

Stück weit den parallelen Weg zur Straße benutzen. Auf dem Weg Richtung Bahnhof von Günzach, unserem Ziel, kommen wir noch an der **Kirche Maria Himmelfahrt** und dem Dorfmuseum vorbei. An der „Bahnhofstraße" biegen wir wieder rechts ein und sind zurück am **Bahnhof von Günzach** 01 Ziel.

Obergünzburg. Heimatmuseum und St. Martin.

Obergünzburg, Rathaus

AUSFLUGSZIELE / SEHENSWÜRDIGKEITEN & EINKEHRTIPPS

Wallfahrtskirche St. Alban 02

Die Wallfahrtskirche gehörte zum Kloster St. Mang zu Füssen und wurde 1510 erbaut. Um 1700 entstand hier eine neue Kirche mit dem heutigen Aussehen. In der Wallfahrtskirche St. Alban in Aitrang-Görwangs finden seit 1993 Konzerte auf der Orgel von Peter Karhausen statt, die zu den besten im Allgäu zählt. Passend zu den außergewöhnlichen Konzerten fügt sich der künstlerisch-historische Rahmen von Hochaltar und Altarraum ein, den Dominicus Zimmermann erschaffen hat, der Erbauer der berühmten Wieskirche bei Steingaden.

Wallfahrtskirche St. Alban.

Markt Irsee 05

Der Name Irsee tauchte erstmals 980 in der Klostergeschichte von Ottobeuren auf, in Verbindung mit den Edelherren von „Ursin". Die Edelherren waren Schutzvögte des Klosters Ottobeuren. Um 1130 bauten sie sich eine Burg in Ronsberg. In den folgenden Jahren erweiterten sie ihren Landbesitz und wurden zu Markgrafen ernannt.

Zu ihrem Besitz gehörte auch der Wald von Eiberg in dem sich um 1180 fromme Männer um den Einsiedler Heinrich scharten. Sie bauten eine Kapelle, bei der bald Menschen aus Nah und Fern Trost suchten. Markgraf Heinrich von Ursinn-Ronsberg schenkte ihnen den Wald und erbat sich vom Kloster in Isny einen Vorsteher für die Gemeinschaft. Sie wollten nach den Regeln des heiligen Benedikt leben. Markgraf Heinrich überließ der Gemeinschaft die verlassene Burg Ursin, die auf einem Berg lag. Da es beschwerlich war das Wasser auf den Berg zu tragen, wurde ein neues Kloster nahe am Wasser errichtet. Nach Jahrzehnten des Erblühens folgte der Niedergang durch Missernten und ausschweifendes Leben der

Kloster Irsee.

Äbte. Der Bischof von Augsburg betraute um 1370 die Vögtin von Kemnath Maria Ellerbach mit der Leitung und Sanierung des Klosters.

Die Unruhen während der Bauernaufstände erreichten auch das Kloster. Die Bauern, die dem Kloster dienten, wollten frei sein. Sie zogen zum Kloster und setzten am 18. Mai 1525 den „Roten Hahn" auf das Dach des Klosters. Weiteres Ungemach brachte der Dreißigjährige Krieg. Irsee wurde mehrmals von schwedischen Truppen verwüstet. Die Klosterkirche musste einem Neubau weichen. Die neue Kirche wurde 1704 geweiht. Die neuen Gebäude des Klosters wurden unter Abt Willibald Grindl errichtet. In der Folge wurde das Kloster zu einem Zentrum des geistigen und wissenschaftlichen Lebens.
Aus Anlass des 600jährigen Bestehens des Kloster 1782 wurde ein Viehmarkt und drei Jahre später ein Kramermarkt abgehalten. Darauf ist der heutige Zusatz im Namen „Markt" zurückzuführen.
Das Ende des Klosters kam mit der Säkularisation 1802. Das Herrschaftsgebiet umfasste viele Orte mit insgesamt 3221 Einwohnern, nebst 932 Pferden, 3163 Stück Rindvieh sowie 2199 Kälbern und Schafen. Die Klosterkirche wurde 1804 zur Pfarrkirche für den Ort Irsee. Die Auflösung des Klosters war für den Ort ein herber Verlust seiner geistlichen Mitte.
Das ehemalige Benediktinerkloster ist heute eine Tagungs- und Bildungsstätte des Bezirks Schwaben.
In Nachbarschaft zum Kloster befindet sich der Braugasthof Klosterbräu Irsee. Wie zu Klosterzeiten wird auch heute das Bier in der Brauerei Irsee gebraut. Das Brauereimuseum neben der Brauerei ist täglich geöffnet.

Obergünzburg 08

Obergünzburgs Wurzeln gehen bis ins 1. Jahrhundert zurück. Seine Lage an der Römerstraße ließ die Siedlung schnell an Bedeutung gewinnen. Das befestigte Anwesen lag nahe dem jetzigen Ortskern auf dem Nikolausberg. Handwerk und Handel lebten auf und verlangten nach einem Markt. Wachszieher, Leinenweber, Färber, Gerber, Strumpfwirker und Schindelmacher waren hier ansässig. Im Heimatmuseum sind Gerätschaften dieser Handwerke zu besichtigen. Kaiser Rupprecht zu Heidelberg verlieh Obergünzburg 1407 das Marktrecht zum Abhalten von zwei Jahrmärkten und einem Wochenmarkt, der montags stattfinden musste.

Tourismusinformation siehe ab S. 159
Übernachtungsverzeichnis siehe ab S. 161

Tour 15 Bad Wörishofen – Mindelheim – Bad Wörishofen

Auf Kneippschen Spuren durch das Tal der Mindel

45 km	3:00 Std.	198 hm	198 hm			GPS-Koordinaten / Start UTM x: 619.150 m Zone 32 y: 5.318.170 m

Startort: Bad Wörishofen

Start/Ziel: Bad Wörishofen, Bahnhof 626 m

Charakter: Wir radeln auf asphaltierten Straßen und Wegen ohne markante Steigung nach Mindelheim und durch das Tal der Mindel über den Bergrücken nach Bad Wörishofen.

Verkehr: In Bad Wörishofen und in Mindelheim müssen wir auf der Straße radeln, mit mäßigem Verkehr.

Tipp: In Katzbrui liegen das Mühlenmuseum und ein Restaurant mit besonderem Flair in der alten Müllerstube. Die Katzbrui-Mühle ist die einzige erhaltene Getreidemühle in Bayern und einen Besuch wert.

Ausflugsziele / Sehenswürdigkeiten & Einkehrtipps siehe S. 138–139

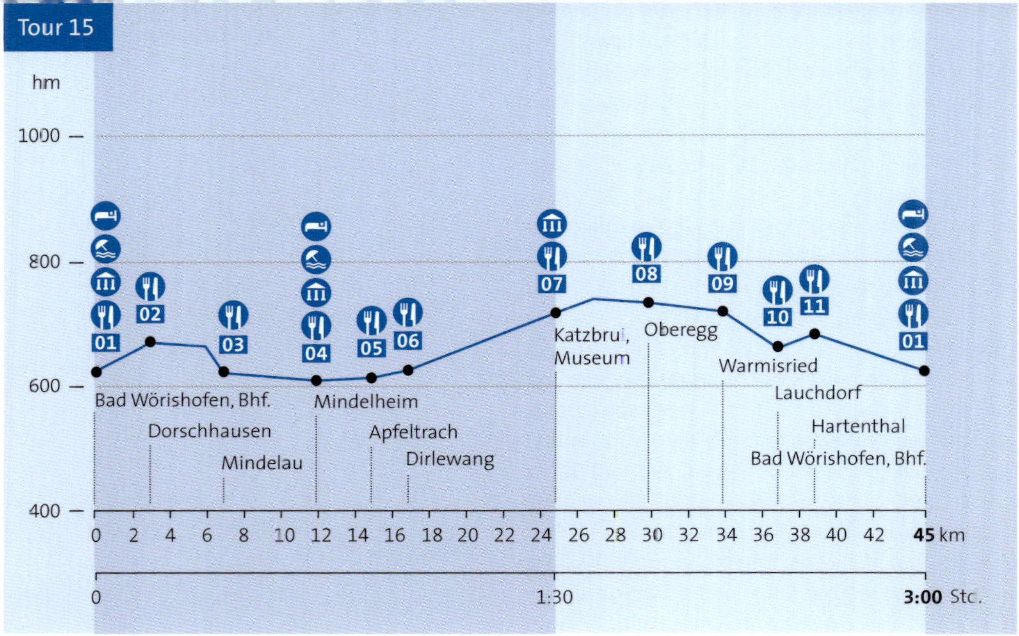

Bad Wörishofen – Katzbrui / 25 km / 1:30 Std.

Start Im Kneipp- und Thermalbad **Bad Wörishofen** 01 starten wir am **Bahnhof**. Am „Bahnhofplatz“ halten wir uns links zur „Bahnhofstraße“ und folgen ihr zur „Hauptstraße“. Hier biegen wir rechts ein und gleich wieder links in die „Kathreinerstraße“. Auf ihr radeln wir an die Einmündung mit der ‚Hahnenfeldstraße“ und biegen hier rechts ab und sofort wieder links in die „Eichwaldstraße“. Ihr folgen wir zum **Freibad Sonnenbüchl**. Dort stoßen wir auf die Straße nach **Dorschhausen** 02 und biegen nach rechts ein. Der „Wäldleweg“ bringt uns an die ‚Schwabenstraße“ zur Kirche. Nach rechts biegen wir ab und schwenken am „Eschleweg“ links ab. Wir folgen ihm und halten uns am letzten Haus links Richtung Katzenhirn. Hinter dem **Waldstück** biegen wir links ein und radeln auf **Jägersruh** zu. Geradeaus erreichen wir **Mindelau** 03 und folgen der Ortsdurch-

fahrt. Am Ortsausgang schwenken wir nach rechts ab zum Sportplatz und fahren auf dem Weg weiter über die **Autobahn**. Nach der Brücke biegen wir links ab und gelangen an die **Eichetkapelle** vor dem Gewerbegebiet. „Im Eichet" heißt hier die Straße, die uns an die Bundesstraße führt. Wir queren sie und radeln auf der „Industriestraße" zur Unterführung am **Bahnhof von Mindelheim**. Wir gehen auf die andere Bahnhofseite und erreichen die „Bahnhofstraße". Ihr folgen wir zum Kreisverkehr und halten uns hier nach rechts bis an die Kreuzung mit der „Landsberger Straße". Zur **Altstadt von Mindelheim** 04 biegen wir links ein in die „Maximilianstraße". Den Mittelpunkt der Altstadt bildet der „Marienplatz". Über ihn gelangen wir an die Jesuitenkirche. Wir verlassen die Altstadt durch das **Untere Tor** und biegen gleich links ab in die „Georgenstraße". Ihr folgen wir geradeaus und erreichen die Brücke über die **Mindel**. Nun radeln wir weiterhin in der „Georgenstraße" an der Mindel entlang zur Maristenkirche am **Maristenkolleg**. Hier biegen wir rechts ab weiter entlang der Mindel nach **Gernstall**. An der Straße schwenken wir kurz nach rechts, queren die Straße und radeln wieder auf dem Uferweg Richtung **Apfeltrach** 05. Wir lassen Apfeltrach links liegen und fahren geradeaus nach **Dirlewang** 06. Der „Römer-

Mindelheim: Mindelburg.

GERNSTALL
19
Mindelheim
Apfeltrach
05
622
625
MINDELAU
03
Jägersruh
Dorschhausen
02
Stelzenberg
683
Kalte Quelle
Unteres Hart
Aero-Club
Vital-Campingplatz
Therme Bad Wörishofen
BAD WÖRISHOFEN
01
Wertstoff-hof
Aero Café
Zillertal
Arena
630
Sonnenbüchl
Altensteig
Schwäbische Bäderstraße
Tannenbaum
Histor. Badehaus
Schöneschach
Ulrichsbrunnen
Sebastianeum
Start/Ziel
St. Justina
Vroni
Mülldeponie
Galgenberg
655
632
Kirchbichl
Seb.-Kneipp-Museum
Schloßcafé
640
Dirlewang
06
686
Helchenried
635
Jagdhäusle
16
134
Zum Rehwinkel
Waldsee
Moosberg
136

weg“ führt uns an den Sportanlagen vorbei an die „Saulengrainer Straße“. Wir biegen rechts ein und am „Schießstattweg“ links. Auf ihm fahren wir, uns rechts haltend, zur „Allgäuer Straße“. Ihr folgen wir nach rechts und schwenken an der nächsten Straße links ab zum **Waldgebiet am Roßkopf**. Wir folgen dem Weg unterhalb des Waldes und radeln um den Berg herum nach **Eberscholl**. Den Ort lassen wir rechts liegen und erreichen **Köngetried**. Die Straße „Sägenberg“ führt uns zur „Dorfstraße“. An ihr biegen wir links ab und radeln aus dem Ort hinaus nach **Katzbrui** 07 zum **Mühlenmuseum** mit dem schönen Wirtshaus. Wer rasten möchte, biegt links ein zum Wirtshaus.

Katzbrui – Bad Wörishofen / 20 km / 1:30 Std.

Wir radeln weiter geradeaus auf der Straße nach **Hinterbuchenbrunn**. An der Kreisstraße schwenken wir nach links ein und folgen ihr

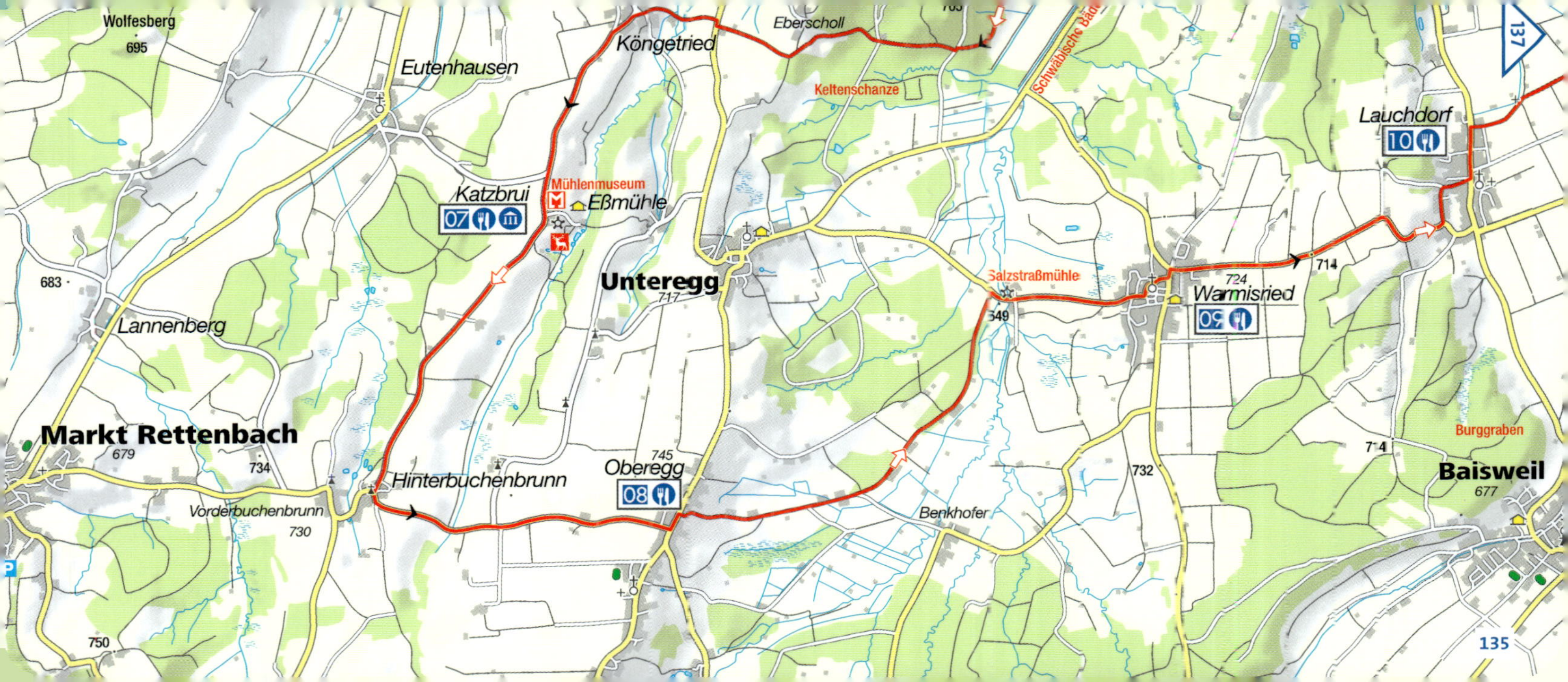
Wolfesberg
695
Eutenhausen
Köngetried
Eberscholl
Keltenschanze
Lauchdorf
10
Mühlenmuseum
Katzbrui
07
Eßmühle
Unteregg
717
Salzstraßmühle
649
724
Warmisried
09
714
683
Lannenberg
Markt Rettenbach
679
734
Hinterbuchenbrunn
Vorderbuchenbrunn
730
745
Oberegg
08
Benkhofer
732
Burggraben
Baisweil
677
750
137

nach **Oberegg** 08. An der „Untere Hauptstraße“ biegen wir links ein und gleich wieder rechts den Hang hinauf Richtung **Benkhofen**. An der Kurve fahren wir geradeaus durch das Mindeltal auf die **Salzstraßmühle** zu. An der Straße biegen wir rechts ab, passieren die Mühle und gelangen nach **Warmisried** 09. Die „Salzstraße“ führt uns durch den Ort an der Kirche vorbei zur Kreuzung mit der „Lauchdorfer Straße“. Wir biegen nach rechts ein und folgen der Straße nach **Lauchdorf** 10. In der Kurve am Ortsanfang fahren wir nach links in die Straße „An der Halde“ und gelangen an die „Alpenstraße“. Wir radeln nach links bis zur „Hartenthaler Straße“, der wir nach rechts folgen. Bergauf erreichen wir **Hartenthal** 11. Hier folgen wir der Straße zur **Waldmühle** und nach **Untergammenried**. Wir stoßen auf die Straße, die uns links nach Untergammenried hineinführt. Ihr folgen wir durch den Ort zum **Bad am Waldsee** und gelangen nach **Bad Wörishofen**.

Auf der „Gammenrieder Straße“ gelangen wir nach Bad Wörishofen hinein. Die Straße heißt ab der „Kellerstraße“ „Hauptstraße“ und führt uns ans **Kloster und zum Sebastian-Kneipp-Museum**. Bald erreichen wir die „Bahnhofstraße“, biegen rechts ein und sind zurück am **Bahnhof von Bad Wörishofen 01** **Ziel**.

Bad Wörishofen, Therme 2.

AUSFLUGSZIELE / SEHENSWÜRDIGKEITEN & EINKEHRTIPPS

Mindelheim 04

Mindelheim an der Mindel gelegen war schon im späten 12. Jahrhundert Lagerplatz der Salzlieferanten, die auf der Salzstraße von München zum Bodensee ihre Waren transportierten. Die Burg oberhalb der Siedlung wurde von Herzog Heinrich dem Löwen um 1160 zur Sicherung der Salzlager errichtet. Zwanzig Jahre später wurde das Geschlecht der Mindelberger Herr über die Burg und über die Siedlung zu Füßen der Burg. Unter ihnen erhielt Mindelheim Stadt- und Marktrechte verliehen. Dem Geschlecht der Mindelheimer ging das Geld aus und es wurde zu Raubrittern. Sie verkauften ihren Besitz. Friedrich von Teck wurde neuer Herrscher über das Land. Mindelheim wurde ein typisch schwäbischer Kleinstaat und unterstand direkt dem Kaiser. Ulrich von Teck übernahm die Herrschaft ab 1413, befestigte die Stadt und entfaltete eine rege Bautätigkeit. Auch ihm ging das Geld aus und er verkaufte seinen Besitz an das Tiroler Rittergeschlecht der Frundsberger. In deren Regierungszeit fällt die Blüte von Mindelheim. Die Burg wurde zur modernen Festung ausgebaut. Die 119jährige Herrschaft endete kinderlos und aus dem langwierigen Erbfolgestreit geht Herzog Maximilian I. als neuer Herrscher hervor. Im Dreißigjährigen Krieg besetzten 1632 die Schweden Mindelheim und die Burg und wüteten schwer. Stadt und Burg wurden niedergebrannt und nur 110 Einwohner retteten ihr Leben. Ab 1670 wurde die Burg wieder aufgebaut und Mindelheim erhielt seinen heutigen Charakter mit dem Marienplatz und der Maximilianstraße als Mittelpunkt.

Mindelheim, Oberes Tor.

Einlass in die Altstadt gewährt das „Untere Tor" an der Jesuitenkirche des Klosters aus dem 13. Jahrhundert. Durch die Maximilianstraße gelangen wir zum „Gasthof zum Hecht", der alten „Posthalterey" in der schon Prominente wie Prinz Eugen, König Ludwig I. uns Zar Nikolaus Quartier bezogen.
Am Marienplatz haben wir das Zentrum der historischen Altstadt erreicht. Hier steht das Rathaus aus dem Jahre 1783. Weiter gegen Osten steht das Obere Tor mit der Stadtuhr aus dem Jahre 1337. Innerhalb der Stadtmauer erhebt sich die Stadtpfarrkirche St. Stephan, die Herzog Ulrich von Teck erbauen ließ.

Bad Wörishofen 01

„Die Mittel, welche das natürliche Heilverfahren beansprucht, beruhen in Licht, Luft, Wasser, Diät, Ruhe und Bewegung in ihren verschiedenen Anwendungsformen, Dinge, die, wenn sie normal vorhanden, den gesunden Organismus gesund erhalten und wieder gesund machen können, wenn er erkrankt ist" (Sebastian Kneipp).
Aber beginnen wir im Jahre 1821. Am 17. Mai wird Sebastian Kneipp in Stephanried bei Ottobeuren als Sohn einer Weberfamilie geboren. Es herrscht bittere

Armut und der „Baschtl“ musste rund 10 Stunden täglich am Webstuhl arbeiten. Aber er wollte studieren und an seinem 21. Geburtstag ging er fort und fand im Kaplan Matthias Merkle einen Gönner. Mit ihm ging er nach Augsburg und später ans Gymnasium nach Dillingen. Kneipp erkrankte an Lungenschwindsucht und galt als hoffnungsloser Fall. In der Hofbibliothek in München entdeckte er ein Büchlein mit dem Titel „Unterricht von Krafft und Wirkung des frischen Wassers in die Leiber der Menschen insbesondere der Kranken” von Dr. Johann Siegmund Hahn, Practikus in Schweidnitz/Schlesien. Er lebte nach den Gedanken des Buches, wurde gesund und studiert am Georganium in München.
Seine Priesterweihe erhielt Kneipp in Augsburg und ging dann nach Wörishofen. Hier wirkte er als Beichtvater im Dominikanerkloster. Im Jahr 1886 begann er an seinem Buch zu schreiben, mit dem Titel „Meine Wasserkur“. Es wurde in 14 Sprachen übersetzt. Dies war der Anfang des Kurortes Wörishofen. In den folgenden Jahren kamen immer Gäste ins Kloster um sich heilen zu lassen. 1890 entschied der Gemeinderat, Wörishofen zu einem Kurort zu machen. Bis 1897 entstanden viele Neubauten. Dazu zählen das Sebastianeum (ehemals Priesterkurhaus), die Kneippsche Kinderheilstätte und das Kneippianum. Am 17. Juni 1897 starb Sebastian Kneipp in Wörishofen. Im Jahre 1920 erhielt Wörishofen vom Bayerischen Staatsministerium des Innern das Prädikat „Bad“ verliehen. Noch zu Lebzeiten von Sebastian Kneipp wurde der Kurpark angelegt und mit Bäumen bepflanzt, die Erzherzog Josef von Österreich-Ungarn als Dank für seine Heilung stiftete.

Tourismusinformation siehe ab S. 159
Übernachtungsverzeichnis siehe ab S. 161

Bad Wörishofen: Kurpavillon.

Tour 16 Bad Grönenbach – Ottobeuren – Bad Grönenbach

Zu Schlössern, Burgen und Museen

41 km	3:00 Std.	279 hm	279 hm			GPS-Koordinaten / Start

UTM x: 591.350 m
Zone 32 y: 5.303.110 m

Startort: Bad Grönenbach

Start/Ziel: Bad Grönenbach, Rathaus 696 m

Charakter: Zweimal führt uns die Radtour über einen Bergrücken mit leichten Steigungen. Die Wege und Straßen sind asphaltiert. Im Bereich von Schachen hat der Weg losen Untergrund.

Verkehr: Mit Verkehr ist an den Sehenswürdigkeiten am Kloster Ottobeuren und am Bauernhof-Museum in Illerbeuren zu rechnen.

Tipp: Schloss Kronburg ist eines der schönsten Renaissance-Schlösser Bayerns. Hier finden Schlosskonzerte und Kunstausstellungen statt. Wer möchte, kann auch übernachten.

Ausflugsziele / Sehenswürdigkeiten & Einkehrtipps siehe S. 148–149

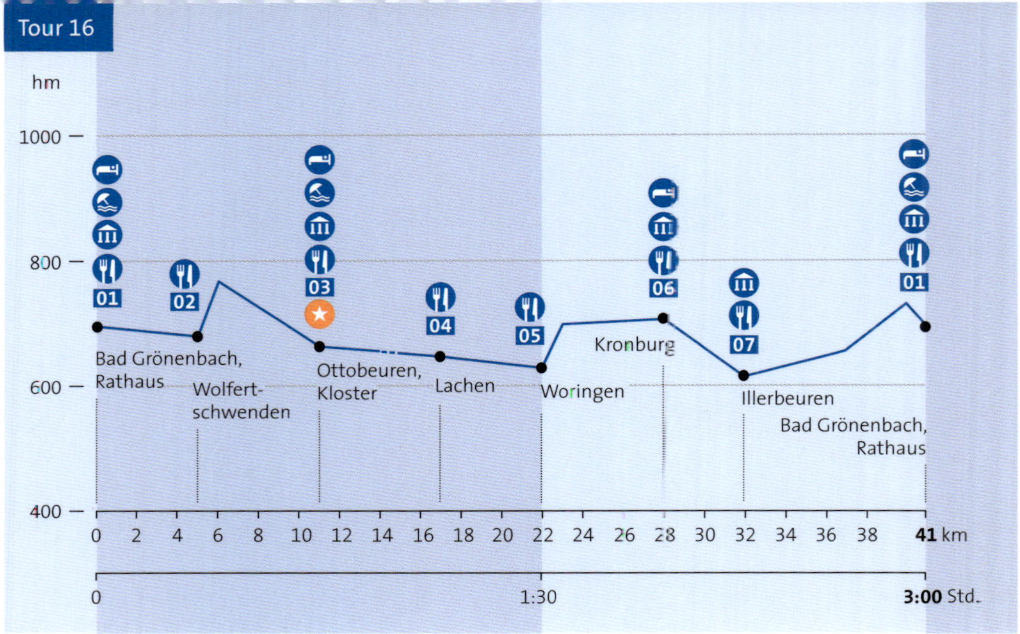

Bad Grönenbach – Woringen / 22 km / 1:30 Std.

Start Am **Rathaus in Bad Grönenbach** 01 beginnt unsere Radtour. Vom „Marktplatz“ radeln wir in die „Sonnenstraße“ hinein zur ‚Bahnhofstraße“. Hier halten wir uns rechts und gelangen an den Kreisverkehr. Ab hier benutzen wir den Radweg links der Straße zur **Autobahn** bis an den **Bahnübergang am Bahnhof von Grönenbach**. Wir biegen vor den Gleisen links ab und radeln bis zur Bahnbrücke, durch die wir nach rechts fahren und nach **Wolfertschwenden** 02 gelangen. Die „Kellerstraße“ bringt uns in den Ort an die „Hauptstraße“. Wir biegen links ein und fahren an der Kirche vorbei bis zur „Niederdorfer Straße“. Hier schwenken wir ein und radeln bis zur „Brandholzer Steige“. Rechts biegen wir ein, radeln steil bergauf nach **Brandholz** und geradeaus nach **Karlins**. Ab hier folgen wir der Kreisstraße über **Leupholz** nach **Ottobeuren** 03. Auf der „Sebas-

tian-Kneipp-Straße" fahren wir nach Ottobeuren hinein und gelangen an das **Kloster** mit der gewaltigen Klosterkirche. Hier lohnt eine Rast. Wir radeln weiter nach links in die „Ottostraße" und folgen ihr bergab und wieder bergauf nach **Brüchlins**. Im Ort biegen wir rechts ab und radeln nach wenigen Metern links hinunter

Bad Grönenbach, Marktplatz.

an das **Strandbad** am See und gelangen nach **Schachen**. Hier schwenken wir nach rechts ab und radeln am **Brühlhof** vorbei an die Kreisstraße bei Lachen. Wir biegen nach **Lachen** **04** ab und gleich in die Straße rechts nach **Herbishofen** ein. Hier queren wir die Kreisstraße halbrechts und radeln nach **Hetzlinshofen**. An der „Woringer Straße“ biegen wir rechts ein und folgen ihrem Verlauf links. Vor den Gehöften auf der rechten Seite der Straße biegen wir rechts ein, fahren über die Bahngleise und gelangen nach **Woringen** **05**.

Wir stoßen auf die „Alpenstraße“ und biegen halblinks versetzt in den „Friedhofweg“ ein. Er bringt uns an die „Memminger Straße“ in die wir nach links einbiegen und ihr bis zur „Brunnenstraße“ folgen. Hier biegen wir rechts ein und radeln hinauf nach **Eglofs** und **Enzers**. An der Kurve schwenken wir nach links ab auf den Weg nach **Höger** und von hier nach **Haug**. Wir gelangen an die Straße nach **Kronburg** **06** und biegen links ein. Rechts oben sehen wir die Kronburg. Die Burg sollten Sie sich unbedingt ansehen und eine Rast einlegen.

Die Straße führt uns in den Ort hinein und an der Kirche vorbei geradeaus an die Kreisstraße.

Kronburg, Schlosshof.

Hier halten wir uns links nach **Illerbeuren** **07** zum Bauernhof- und Schützenmuseum an der „Museumsstraße“ linker Hand. Ein Besuch lohnt sich auf jeden Fall. Wir radeln weiter hinunter an das Ufer der Iller und folgen der „Memminger Straße“ nach links. Auf ihr erreichen wir **Wagsberg** an der Iller und folgen dann der Straße nach links weg vom Ufer. Wir schwenken am Abzweig nach **Unterbinnwang** rechts ab und radeln durch den Ort nach **Oberbinnwang**. Hier bleiben wir auf der Ortsdurchfahrt und fahren hinauf nach **Rothmoos**. Hier halten wir uns links auf dem schmalen Weg durch das Tal und dann steil hinauf über den Bergrücken nach **Bad Grönenbach**. Wir passieren die Sportanlagen und sehen linker Hand das **Schloss**. Zum Schloss führt uns die „Pappenheimerstraße“ nach links. Zum Ziel führt uns aber die „Rothensteiner Straße“ hinunter an den „Marktplatz“ und zum **Rathaus von Bad Grönenbach** **01** **Ziel**.

Tour 16
144
146
Ottobeuren
03
660
Lachen
04
650
Woringen
05
632
Moosbach
Herbishofen
647
Römischer Burgus
E532
7
Buschlkapelle
Langenberg
Oberschwäb. Barockstr. (Ostroute)
Brüchlins
716
728
Basilika
Abtei
Klostermus.
Galerie
Ulrichsbrunnen
Sanatorium
Kurpark
Guggenberg
Schachen
Brühlhof
Burgstall
Theinselberg
717
722
Hetzlins-hofen
634
626
Untere
Woringer
Einöde
655
Albishofen
677
Goßmanns-hofen
Felsenberg
Gustavquelle
Volkssternwarte
737
Lehrbiotop
Schärtelespitz
687
Pfaffenbühl
Woringer
Woringen
130
Bhf. Woringen
634
Bahnhofs-einöde
Dietratried
651
Hunger-brunnen
Schellenberg
Kieswerk
Geolog.Orgeln
Leupolz
Fischzuchtanstalt

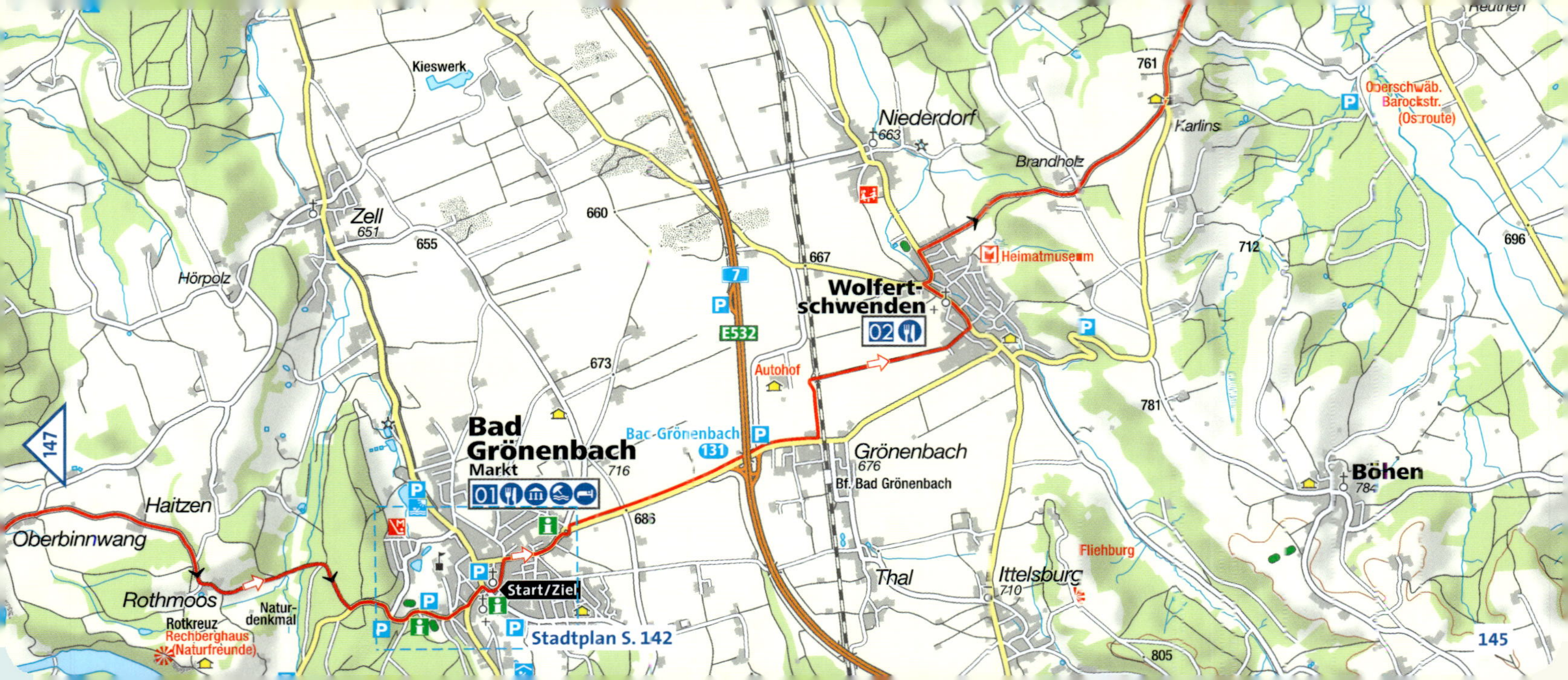
Kieswerk
Niederdorf
663
761
Karlins
Oberschwäb. Barockstr. (Ostroute)
Brandholz
Zell
651
655
660
667
7
Heimatmuseum
712
696
Hörpolz
Wolfert-schwenden
02
E532
673
Autohof
781
147
Bad Grönenbach
Markt
716
01
Bad Grönenbach
131
Grönenbach
676
Bf. Bad Grönenbach
Böhen
784
Haitzen
686
Oberbinnwang
Fliehburg
Thal
Ittelsburg
710
Rothmoos
Start/Ziel
Natur-denkmal
Rotkreuz
Rechberghaus (Naturfreunde)
Stadtplan S. 142
805

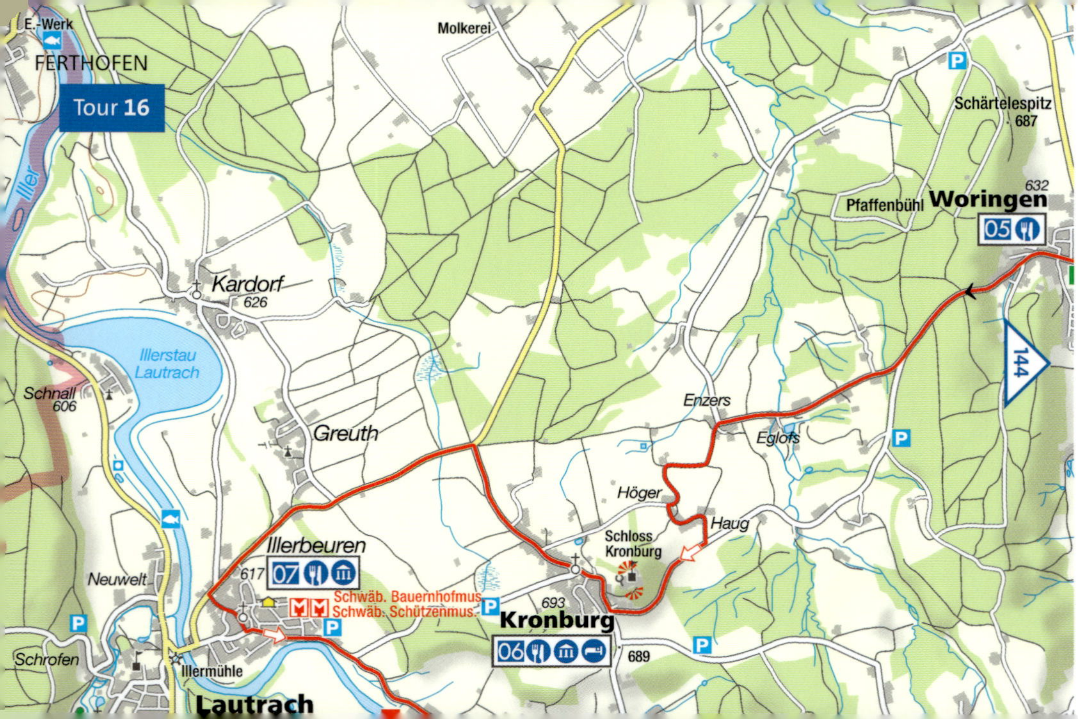

Bad Grönenbach, Hohes Schloss

Illerbeuren
07
617
Neuwelt
Schwäb. Bauernhofmus.
Schwäb. Schützenmus.
Schloss
Kronburg
Haug
693
Kronburg
06
689
Schrofen
Illermühle
Lautrach
Zell
651
655
660
Wagsberg
Hörpolz
759
7
E532
Unterbinnwang
Wallfahrtskirche
Mariä Schmerzen
Wallfahrts-
museum
Maria
Steinbach
663
Fährbetrieb nach
telef. Anmeldung
673
Autohof
Bad
Grönenbach
Markt
716
Bad-Grönenbach
131
01
Haitzen
686
145
Iller
Oberbinnwang
Start/Ziel
Rothmoos
Natur-
denkmal
681
Rotkreuz
Rechberghaus
(Naturfreunde)
682
Engelharz
683
661
Kaltbronn
Naturdenkmal
Stadtplan S. 142
702
Wasserturm
664
695

AUSFLUGSZIELE / SEHENSWÜRDIGKEITEN & EINKEHRTIPPS

Kloster Ottobeuren 03

Seit dem Jahre 764 leben die Benediktiner in und um Ottobeuren nach den Glaubensregeln ihres Gründers, Benedikt von Nursia. Es wurde als Familienkloster der Grafen Silach gegründet und von den Mönchen von

Ottobeuren, Klosterkirche.

St. Gallen und Reichenau besiedelt. Das Kloster erlangte die „Reichsunmittelbarkeit". Kaiser Otto I. erhob das Kloster 972 zur Reichsabtei. Damit war sein Grund und Boden innerhalb des Deutschen Reiches unabhängig und allein dem Kaiser verpflichtet. Der „Klosterstaat" zählte 27 Dörfer und wurde bis zur Säkularisation 1802, als Ottobeuren an Bayern fiel, vom Kloster geprägt. Bereits im 16. Jahrhundert, zur Zeit des süddeutschen Humanismus, wurde im Kloster eine Druckerei betrieben. Im Dreißigjährigen Krieg litt das Kloster schwer, erholte sich aber und erfuhr unter Rupert II. Neß seine Blütezeit. Er förderte das religiöse wie auch das soziale, wirtschaftliche und künstlerische Leben im Kloster und im Stiftsgebiet.

Das **Museum** der Abtei befindet sich in den ehemaligen Repräsentationsräumen des Reichsabtes. Zu sehen sind Altartafeln, Schnitzwerke und Gemälde von der Gotik bis in die Barockzeit. Auf dem Weg zum Museum kommen wir an der **Bibliothek** und am **Kaisersaal** vorbei. Zu den Schätzen der Bibliothek zählen rund 15.000 Werke aus der Zeit vor 1800. Die Verbundenheit des Klosters mit dem Heiligen Römischen Reich und dem Hause Habsburg bringt der Kaisersaal zum Ausdruck. Zwischen 32 Säulen stehen auf marmornen Sockeln 16 Habsburger Kaiser.

Die **Basilika** am Kloster ist eine der schönsten deutschen Barockkirchen und wurde 1737 bis 1766 erbaut. In ihrem Inneren stehen die weltberühmten **Riepp-Orgeln**, die zu den Höchstleistungen der Orgelbaukunst zählen. Seit nahezu 50 Jahren findet jeden Samstag um 16.00 Uhr eine „Hörprobe" statt, der man kostenlos lauschen kann.

Bad Grönenbach 01

Zuerst errichteten Einsiedler im Schwäbischen eine Kapelle, um die sich im Laufe der Zeit eine Siedlung bildete. So entstand auch Grönenbach. Jahrhunderte später war Ritter Ludwig von Rothenstein Herr über Grönenbach. Er und seine Frau stifteten 1479 ein Spital und ein Chorherrenstift zu Ehren Gottes. Etwa 80 Jahre später, zur Zeit der Reformation, führte Reichsmarschall Graf Philipp von Pappenheim auch in Grönenbach die Reformation ein. Als sichtbares Zeichen der friedlichen Beilegung der religiösen Auseinandersetzungen wurden die katholische Stiftskirche und die evangelische Spitalkirche errichtet.

Sebastian Kneipp kam 1842 nach Grönenbach um bei seinem Verwandten, dem Kaplan Matthias Merkle, das

Latein zu erlernen. Er wohnte im Pfarrhaus auf dem Stiftsberg und erhielt dort seine Lektionen. Hier in Grönenbach lernte er den Botaniker Köberlin kennen, der sein Interesse für die Kräuterheilkunde weckte. In München las er das Büchlein der „Wasserkur" von Sigmund Hahn. Kräuter und Wasser verband Kneip nun zur Kneippschen Lehre der fünf Säulen. Diese sind:

Hydrotherapie
Ernährungstherapie
Kräutertherapie
Bewegungstherapie
Ordnungstherapie

Bad Grönenbach ist seit 1954 anerkanntes Kneippheilbad. Im Jahre 1996 wurde dem Bad der Titel Kneippkurort verliehen.

Die katholische **Stiftskirche** ist eine Bergkirche, die wohl aus einer Burg hervorgegangen ist. Die erste Kirche, die auf den Mauern der Burg stand, wurde 1136 durch Bischof Walter von Augsburg zu Ehren des heiligen Philippus und Jakobus geweiht. Rund 300 Jahre später wurde eine neue größere Kirche gebaut, die 1445 geweiht wurde und die heutige gotische Kirche darstellt.

Das Wahrzeichen Bad Grönenbachs ist aber das **Hohe Schloss**. Es liegt weithin sichtbar auf einem Bergsporn. Der älteste Teil des Schlosses stammt aus dem Jahre 1260. Ludwig von Rothenstein baute später auf den Mauern einer Fliehburg das Schloss. Im Jahre 1482 ging das Hohe Schloss in den Besitz derer von Pappenheim über. Während des Bauernkrieges 1525 rückten die aufständigen Bauern an, belagerten und beschädigten es.

Kronburg 06

Schloss Kronburg ist eines der schönsten Renaissanceschlösser Bayerns. Auf einem Berg über dem Tal der Iller thront es malerisch gelegen. Erbaut wurde es in der Zeit zwischen 1490 und 1536 von den Herren von Rechberg auf den Grundmauern der staufischen Festungsanlage aus dem 12. Jahrhundert. Schloss Kronburg befindet sich in Privatbesitz. Seit 1619 ist das Schloss im Besitz der Freiheren von Westernach. Führungen leitet der Baron von Vequel-Westernach selbst. Es finden jedoch nur Gruppenführungen ab 15 Personen statt. Eine Führung sollten Sie sich allerdings nicht entgehen lassen, eine imposante Inneneinrichtung erwartet Sie. Das Schloss ist heute ein Hotel und Restaurant.

Bauernhofmuseum in Illerbeuren 07

Im ältesten Freilichtmuseum Bayerns erfahren Sie auf einem Rundgang viel über die Geschichte Schwabens. In 30 eingerichteten Bauernhäusern aus vier Jahrhunderten wird der Alltag der Bewohner anschaulich präsentiert. Im weitläufigen Museumsgelände tummeln sich heimische Haustiere.

Tourismusinformation siehe ab S. 159
Übernachtungsverzeichnis siehe ab S. 161

Illerbeuren, Bauernhofmuseum.

Tour 17 Kempten – Krugzell – Altusried – Wiggensbach – Kempten

Durch das Illertal

41 km | 3:00 Std. | 229 hm | 229 hm

GPS-Koordinaten / Start
UTM Zone 32 x: 599.870 m y: 5.287.270 m

Startort: Kempten
Start/Ziel: Kempten, Ostbahnhof 701 m
Charakter: Durch das Illertal radeln wir bergab nach Altusried, dann über den Bergrücken ins Rohrachtal nach Wiggensbach. Der Weg entlang der Iller hat meistens losen Untergrund. Sonst radeln wir auf asphaltierten Wegen und Straßen.
Verkehr: Lediglich in Kempten ist mit regem Verkehr zu rechnen. Entlang der Hauptstraßen bestehen oftmals Radwege.

Tipp: Eine Augenweide und „Pflichtprogramm" ist eine Führung durch die Fürstäbtliche Residenz von Kempten. Die prächtigen Wohnräume sind im Rahmen einer Führung zu besichtigen. Diese finden täglich außer montags statt.

Ausflugsziele / Sehenswürdigkeiten & Einkehrtipps siehe S. 156–157

Übersicht

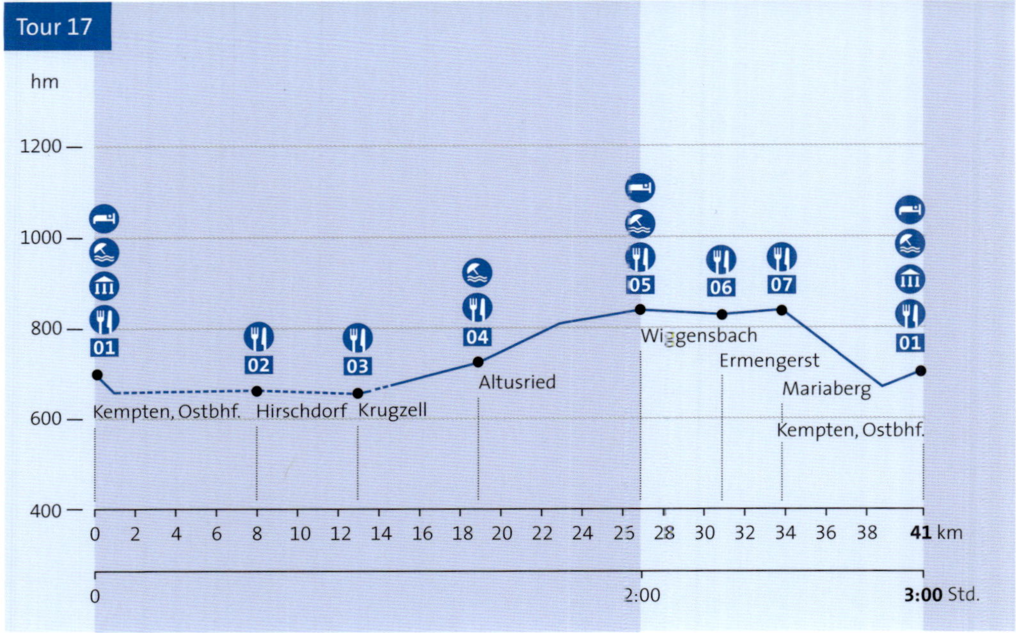

Kempten – Wiggensbach / 27 km / 2:00 Std.

Start Zur schönen Radtour durch das Illertal starten wir am **Bahnhof Kempten-Ost** 01. Wir radeln links hinunter an die „Ostbahnhofstraße“ und folgen ihr rechts zum „Schumacherring“. Hier fahren wir wenige Meter nach rechts und queren dann den „Schumacherring“ hinüber zur „Knussertstraße“. Sie führt uns unter die Straßenbrücke hindurch auf den „Jahnweg“ entlang des **Illerstadions** zum Steg über die Iller. Wir radeln hinüber und biegen nach rechts ab auf den Weg entlang des Illerufers. Ab hier ist der **Fernradweg „Iller-Radweg“** beschildert. Auf dem „Weidacher Weg“ fahren wir am Friedhof vorbei und verlassen Kempten. Wir erreichen die Ortslage **Breiten** und radeln nahe am Ufer der Iller flussabwärts nach **Bühl**. Vom Ort sehen wir wenig, da sich unser Weg an das Ufer schmiegt. Bei **Bühl-Hirschdorf** 02 stoßen wir auf die Straßenbrücke, unterfahren sie und folgen weiterhin der Iller. Wir gelangen an die

Kläranlage und halten uns nach rechts auf dem schmalen Weg zum Ufer hin. Weiter radeln wir bis nach **Krugzell** 03, wo wir auf die Sportanlage stoßen. Hier fahren wir auf der „St.-Michael-Straße" zum Friedhof und geradeaus über den Parkplatz zur Staatsstraße. Wir queren die Straße, fahren auf den Weg nach rechts und biegen gleich nach links ab auf den Weg der bald „Floßlände" heißt. Nun hat uns das Ufer wieder und wir fahren auf dem Damm, bald nahe der Straße, dann auf einem breiteren Weg Richtung **Biberschwang**. Vor Biberschwang biegen wir links ab und müssen nun aus dem Tal hinauf radeln Richtung Altusried. Wir stoßen auf die Staatsstraße am Bauernhof und benutzen ab hier den Radweg nach **Altusried** 04 hinein. Nach dem Kreisel folgen wir der „Kemptener Straße" zur Ortsmitte bis an die „Poststraße". Hier biegen wir zu den Sportanlagen links ab und erreichen **Weihalden**. Geradeaus fahren wir nach **Geisemers** und **Weihers**. An der Kreisstraße biegen wir rechts ab und radeln an **Wäschers** vorbei zur Einmündung mit der anderen Kreisstraße. Hier halten wir uns rechts und radeln hinunter ins Tal zur **Heckelsmühle**. An der Mühle biegen wir links ab hinauf auf den Bergrücken nach **Horns** und **Hubers**. An der breiten Straße fahren wir links hinunter zur Kreisstraße bei **Stromayers** und weiter rechts nach **Markt Wiggensbach** **05**.

Wiggensbach – Kempten / 14 km / 1:00 Std.

Wir radeln auf der Ortsdurchfahrt über den „Marktplatz" durch Wiggensbach und hinter den letzten Häusern auf den Radweg links der Straße zur Einmündung und zum Parkplatz am **Freibad**. Hier queren wir die Kreisstraße und radeln über **Pfaffenried** nach **Ermengerst** **06**. An der Einmündung mit der Kreisstraße fahren wir in die Ortsmitte an den Weiher und biegen hier links ab in die „Mariabergstraße". Ihr folgen wir bergauf bis nach **Mariaberg** **07**. Wer die Kirche besichtigen möchte biegt rechts ab, wer gleich weiter radelt hält sich links hinunter nach Kempten. Auch hier ist ein Radweg rechts der Straße angelegt, auf dem wir bis zum Abzweig nach **Hinterrottach** hinunter rollen. Hier biegen wir rechts ab auf den Weg nach **Oberheggers** und **Staudach**. Wir stoßen auf die Straße „Beim Sonnenbad", biegen links ein und gelangen an den „Aybühlweg" dem wir geradeaus bis an die „Stadtbadstraße" folgen. Hier finden Sie die Sportanlage, das Hallenbad und auch das **Freibad** der Stadt Kempten. Wir folgen der „Stadtbergstraße" zur Straße „Am Göhlenbach" und biegen links ein. Am „Haubesteigweg" radeln wir rechts ab, queren den „Adenauerring" und erreichen die „Poststraße". Ihr folgen wir links, queren die „Salzstraße" und gelangen an den „Residenzplatz" mit der **Basilika St. Lorenz** und der **Residenz**. Hier halten wir uns rechts und radeln links um die Residenz herum auf der Straße „Pfeilergraben" an das Ufer der Iller. Hier biegen wir links ab auf den Steg über die Iller zum **Illerstadion**. Unser Weg heißt hier „Jahnweg", den wir hinauf radeln über den „Augartenweg", unter der Bundesstraße hindurch zur „Knussertstraße". Auf ihr erreichen wir den „Schumacherring", überqueren ihn und fahren nach rechts zur „Ostbahnhofstraße". Hier biegen wir links ein an der „Ulmer Straße" wieder links und wir sind zurück am **Ostbahnhof von Kempten** **01** **Ziel**.

Wiggensbach, Kirche St. Pankratius.

Tour 17
Altusried
Markt
722
04
Dietmannsried
Markt
682
Haldenwang
757
Überbach
Zinkenhalde
689
685
682
Burgstall
Kapf
Burgstall
690
Biberschwang
Iller
Krugzell
664
03
(Ostroute)
Freizeitpark
Illerparadies
erschwäb. Barockstr.
(Ostroute)
Knochen-
mühle
Weihalden
725
Geisemers
684
Gansmühle
Reithalle
665
677
787
Freilichtbühne
Weihers
746
767
851
722
Wäschers
748
758
749
Depsried
687
Moos
Heising
Lauben
666
682
Hofen
823
807
769
Heckels-
mühle
Horns
878
757
736
LEUBAS
HIRSCH-
Oberschwäb. Barockstr.

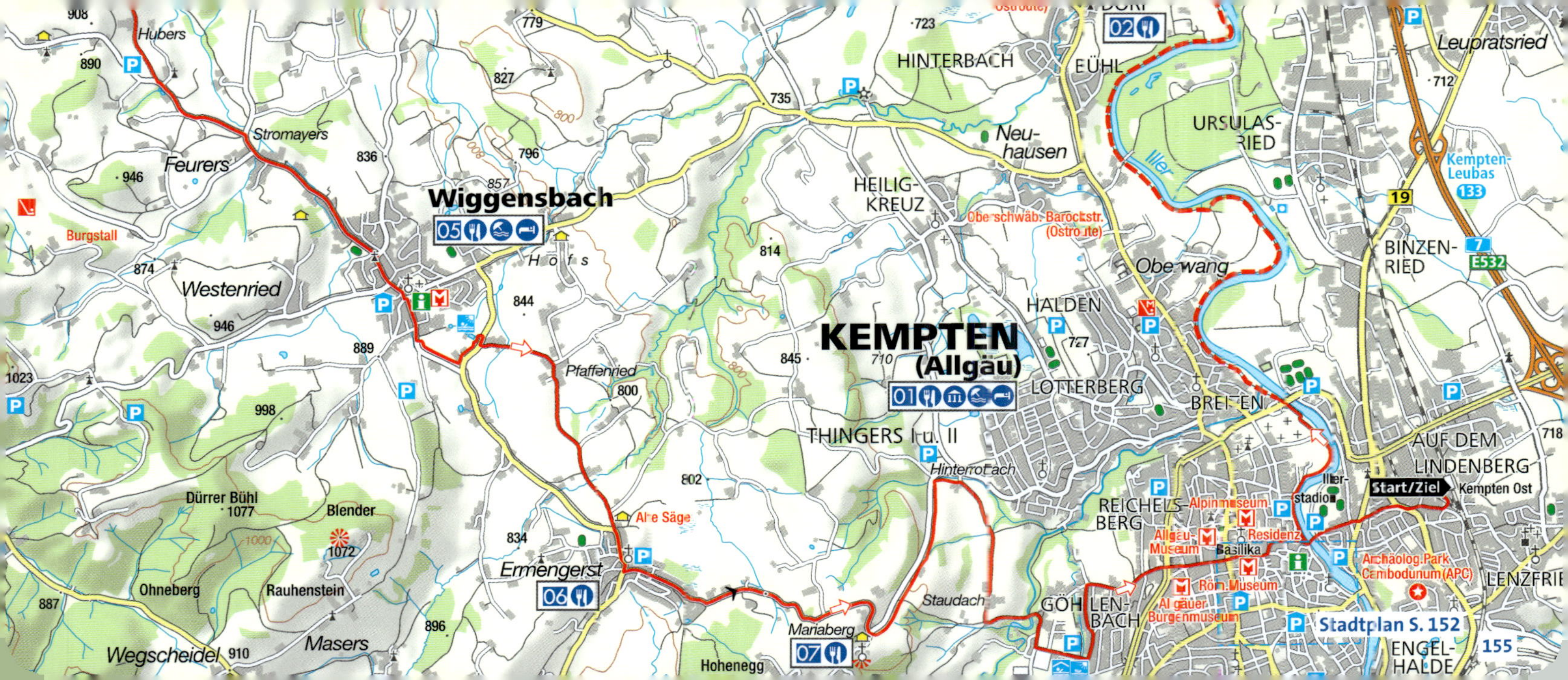
Wiggensbach
05
KEMPTEN
(Allgäu)
01
02
06
07
Hubers
Stromayers
Feurers
Burgstall
Westenried
Hofs
Pfaffenried
Alte Säge
Ermengerst
Mariaberg
Hohenegg
Masers
Wegscheidel
Rauhenstein
Ohneberg
Dürrer Bühl
1077
Blender
1072
HINTERBACH
EÜHL
Neuhausen
HEILIG-
KREUZ
Oberschwäb. Barockstr.
(Ostroute)
Oberwang
URSULAS-
RIED
Iller
Leupratsried
Kempten-
Leubas
133
19
7
E532
BINZEN-
RIED
HALDEN
LOTTERBERG
BREITEN
THINGERS I u. II
Hinterrotach
Staudach
GÖHLENBACH
REICHELSBERG
Alpinmuseum
Residenz
Allgäu-Museum
Basilika
Röm. Museum
Allgäuer Burgenmuseum
Archäolog. Park Cambodunum (APC)
Iller-stadion
Start/Ziel
Kempten Ost
AUF DEM
LINDENBERG
LENZFRIED
ENGEL-
HALDE
Stadtplan S. 152
908
890
827
779
735
723
712
836
796
857
946
874
946
844
814
845
710
727
1023
889
998
800
802
834
896
887
910
718

AUSFLUGSZIELE / SEHENSWÜRDIGKEITEN & EINKEHRTIPPS

Kempten 01

Kelten, Römer und Alemannen bestimmten in den ersten Jahrhunderten die Geschicke der Stadt Kempten. Nach dem Abzug der römischen Truppen nahmen 752 die St. Galler Mönche in der Klosterzelle Kempten ihre Arbeit auf. Nach dem letzten verheerenden Ungarneinfall 940 begann Ulrich, Bischof von Augsburg und Abt des Klosters Kempten, mit dem Wiederaufbau der Stadt. Im Jahre 1213 machte König Friedrich II. die Kempter Äbte zu Reichsfürsten und erhielt als Lehen die Grafschaft Kempten. König Rudolf von Habsburg erklärte die Altstadt von Kempten 1289 zur „Freien Reichsstadt", die ihm nun unmittelbar unterstellt war und löste sie damit aus dem Hoheitsbereich des Abtes. Kempten erhielt nun das Recht zur Ausübung der Gerichtsbarkeit und durfte seine eigenen Goldgulden und Silbertaler prägen. Die großen Allgäuer Bauernaufstände führten in Kempten zu weitreichenden Veränderungen. Mit dem Ruf nach Freiheit auf den Lippen zogen die Bauern plündernd durch Kempten und machten auch vor Kirche und Kloster nicht Halt. Im sogenannten „Großen Kauf" löste die Stadt alle Rechte ab, die der Fürstabt innerhalb der Stadt ausübte. Frei von der Kirche führte der Rat der Stadt die Reformation ein.
Zudem trat sie 1535 dem Schmalkaldischen Bund bei und stellte sich damit auf die Seite der evangelischen Fürsten und Städte gegen den Kaiser. Daraufhin zog Kaiser Karl V. 1543 mit seinem Gefolge in die Stadt ein um seine Macht zu demonstrieren. Der Konflikt zwischen den Katholiken und Protestanten verschärfte

Kempten, Basilika St. Lorenzen.

sich auch in Kempten. Die Reichsstadt trat 1609 der protestantischen „Union" bei, das Stift der katholischen „Liga".
Auf Drängen des Fürstabtes wurde Kempten von kaiserlichen Truppen besetzt. Als die Schweden 1632 das Stift besetzten und Kloster und Kirche niederbrannten, kamen die Protestanten nicht zu Hilfe. Kempten wurde bis zum Ende des Dreißigjährigen Krieges zum Spielball der kaiserlichen und schwedischen Truppen. Im Westfälischen Frieden von 1648 wurde vereinbart, dass der Fürstabt sein Stift behält und die Reichsstadt frei bleibt. Vor diesem Hintergrund begann Fürstabt Roman Giel von Gielsberg 1651 mit dem Neubau seiner Residenz.
Während des Spanischen Erbfolgekrieges wurde die Burghalde durch Prinz Eugen, den „edlen Ritter", geschleift und ist seitdem Ruine.
Auf der letzten Sitzung des Reichstages 1803 wurde im Reichsdeputationshauptschluss erklärt, dass Kempten die Eigenständigkeit verliert und an Bayern fällt. 1818 wurden dann die ehemaligen Hoheitsgebiete Reichsstadt und Stiftstadt zu einer Stadt vereint. Kempten erhielt 1819 sein heutiges Stadtwappen.

Am Stiftsplatz erhebt sich die **Basilika St. Lorenz** mit ihren Doppeltürmen. Die Baumeister Michael

Beer und Johann Serro schufen die Kirche 1652. Sie war der erste große Kirchenneubau nach dem Dreißigjährigen Krieg. Die reiche Ausstattung, die Altäre und das geschnitzte Chorgestühl sind eine Pracht.

Gleich hinter der Basilika liegt die **Residenz**. An ihrer Stelle stand ein Benediktinerstift, das um 750 gegründet wurde. Während des Dreißigjährigen Krieges wurde es zerstört. Bereits 1652 ließ Fürstabt Roman Giel von Gielsberg Kirche und Residenzgebäude als eine monumentale Klosteranlage neu erbauen. Bauherren waren hier ebenfalls Michael Beer und Johann Serro. Die Wohnräume des Fürstabtes gediehen zu Prunkräumen. Von 1732–1742 wurden sie unter dem kunstsinnigen Anselm von Reichlin-Meldegg reich ausgestattet. Die Zimmer sind im Régencestil gehalten, der Thronsaal geht bereits ins Rokoko über. Das besondere an diesen Juwelen der Rokoko-Architektur ist das Nebeneinander von sakralen und profanen Elementen sowie die Farbigkeit der Räume.

Das **Allgäu-Museum** befindet sich im ehemaligen Kornhaus, einem der größten Barockbauten des Allgäus, erbaut um 1700. Das Museum wurde 1999 eingerichtet. Es zeigt in einer Zeitreise Kempten von der Gegenwart bis ins Mittelalter. In der Abteilung „Blick ins Allgäu" werden Trachten, farbenprächtige Fayencen, Kuhglocken und Viehscheidschmuck gezeigt. „Das Leben in der Stadt" zeigt eine „gute Stube" aus der Biedermeierzeit, Portraits und Utensilien von Bürgern aus dem 19. Jahrhundert. „Das Leben der Landbevölkerung" war geprägt von Arbeit und Andacht. Geräte für die Flachsbearbeitung und milchwirtschaftliche Gerätschaften beleuchten zwei der wichtigsten ländlichen Arbeitsbereiche.

Im 1730 erbauten **Marstall** öffnet das **Alpinmuseum** seine Türen. „Die Alpen als Lebensraum" ist hier das zentrale Thema. Die mühevolle Besiedlung der Alpen und die Entwicklung in den letzten 150 Jahren, in denen sich die Alpen zu einem Zentrum der des Tourismus entwickelt haben, wird hier anschaulich erklärt. Eindrucksvolle Stationen des Bergsteigens am Beispiel von Fridtjof Nansen bis Reinhold Messner erzählen von der Schönheit und den Gefahren der Bergwelt.

Am Ufer der Iller erhebt sich die **St. Mang Kirche** am St.-Mang-Platz auf dem Gebiet der ehemaligen Reichsstadt. Ihr 66 Meter hoher Turm überragt die Altstadt. Im Jahre 1428 wurde die Kirche geweiht und nach dem St. Galler Mönch Magnus benannt. Vor der Kirche steht ein wunderschöner **Jugendstilbrunnen** aus dem Jahre 1905.

Oberhalb der Altstadt liegt die **Burghalde**, die einst von der Iller umflossen wurde. Hier oben befand sich ein **römisches Kastell**, im Mittelalter die Burg der Klostervögte, die später in die Stadtmauer einbezogen wurde. Aus dieser Zeit, so um 1488, stammt auch der gotische Turm. Die Burg wurde 1705 abgetragen. Heute stellt die Burghalde die Kulisse der Freilichtbühne.

Tourismusinformation siehe ab S. 159
Übernachtungsverzeichnis siehe ab S.

Kempten, Residenz.

Reiseinformationen

ANREISE & ABREISE

Alle 17 Radtouren sind Rundtouren. Sie kommen also immer wieder an den Ausgangspunkt zurück. Der Startpunkt und der Zielpunkt sind ein Bahnhof im Bereich des Bayerntaktes der Deutschen Bahn. In der Regel verkehren die Züge stündlich. An wenigen Bahnhöfen halten die Züge im Zweistundentakt. Über die Zugverbindungen und Fahrzeiten informiert die Deutsche Bahn im Internet unter www.bahn.de.

Falls Sie mit dem Auto anreisen wollen, erreichen Sie das Allgäu auf der BAB A7 über Ulm–Memmingen–Kempten nach Füssen und von der BAB A96 auf den Bundesstraßen B17 ab Landsberg oder der B12 ab Buchloe jeweils nach Süden.

ÜBERNACHTUNG

Das Allgäu ist ein internationales Ferien- und Urlaubsgebiet. Daher ist die Infrastruktur der Gastgeber in den Orten ausgezeichnet. Sie finden in der Regel Hotels mit unterschiedlichem Komfort aber auch Pensionen die im Komfort an nichts nachstehen. Das gleiche gilt für die Gasthöfe. Im angefügten Übernachtungsverzeichnis finden Sie Gastgeber mit unterschiedlichen Preiskategorien. Die aufgeführten Betriebe stellen eine willkürliche Auswahl dar und liegen in den Orten an den 17 beschriebenen Radtouren.
Zusätzlich haben wir für Sie die Tourist-Informationen der Orte an den Radtouren nachstehend aufgelistet. Diese sind Ihnen bei der Wahl des Gastgebers gerne behilflich.

WEGBESCHREIBUNG

Die Beschreibung des Radweges zu jeder der 17 Touren ist mit fetten Textstellen versehen, die markante Punkte des Weges kennzeichnen und Ihnen eine schnellere Orientierung erlaubt. Die präzisen und detaillierten Karten lassen Sie den beschriebenen Weg sicher finden. Selten gibt es für die Radtouren vor Ort eigene Symbole. Jedoch ist die Ausschilderung von Ort zu Ort im gesamten Gebiet vorbildlich.

Zentrale Informationsstellen

Landkreis Unterallgäu
www.unterallgaeu.de

Landkreis Ostallgäu
www.ostallgaeu.de

Landkreis Oberallgäu
www.oberallgaeu.de

Allgäuer Urlaubsportal
www.allgauerurlaubsportal.de

Allgäu-ABC
www.allgaeu-abc.de

Orte/Tourismusbüros

BAD GRÖNENBACH
Kurverwaltung
Bad Grönenbach
Haus des Gastes
Marktplatz 5
87730 Bad Grönenbach
Tel.: 08334 / 60531
www.bad-groenenbach.de

BAD WÖRISHOFEN
Touristinformation Kurhaus
86825 Bad Wörishofen
Hauptstraße 16
Tel.: 08247 / 993355
www.bad-woerishofen.de

FISCHEN IM ALLGÄU HÖRNERDÖRFER
Gästeservice Fischen
Am Anger 15
87538 Fischen
Tel.: 08326 / 36460
www.hoernerdoerfer.de

FÜSSEN
Füssen Tourismus und Marketing
Kaiser-Maximilian-Platz 1
87629 Füssen
Tel.: 08362 / 9385-0
www.fuessen.de

Immenstadt Marienplatz mit Altem Schloss

HOPFEN
Füssen Tourismus und Marketing
Kaiser-Maximilian-Platz 1
87629 Füssen
Tel.: 08362 / 9385-0
www.fuessen.de

IMMENSTADT
Gästeinformation Immenstadt
AlpSeeHaus
Bühl am Alpsee
Seestraße 10
87509 Immenstadt
Tel.: 08323 / 998877
www.immenstadt.de

Gästeinfo im Schloss
Marienplatz 12
87509 Immenstadt
Tel.: 08323 / 998877
www.immenstadt.de

KAUFBEUREN
Kaufbeuren Tourismus- und Stadtmarketing e.V.
Kaiser-Max-Straße 3a
87600 Kaufbeuren
Tel.: 08341 / 437-850
www.kaufbeuren.de

KEMPTEN
Tourist Information Kempten
Rathausplatz 24
87435 Kempten
Tel.: 0831 / 2525-237 oder 0831 / 19433
www.kempten.de

MARKT IRSEE
Gemeindeverwaltung
Meinrad-Spieß-Platz 1
87660 Irsee
Tel.: 08341 / 2214
www.irsee.de

MARKTOBERDORF
Touristikbüro Marktoberdorf
Richard-Wengenmeier-Platz 1
87616 Marktoberdorf
Tel.: 08342 / 400845
www.marktoberdorf.de

MARKT WIGGENSBACH
87487 Wiggensbach
Marktplatz 3
Tel.: 08370 / 92000
www.markt-wiggensbach.de

MINDELHEIM
Tourist-Information
Maximilianstraße 26
87719 Mindelheim
Tel.: 08261 / 991520
www.mindelheim.de

NESSELWANG
Nesselwang Marketing GmbH
Tourist Information
Hauptstraße 20
87484 Nesselwang
Tel.: 08361 / 923040
www.nesselwang.de

OBERSTAUFEN
Oberstaufen Tourismus Marketing GmbH
Hugo-von-Königsegg-Straße 8
87534 Oberstaufen
Tel.: 08386 / 93000
www.oberstaufen.de

OBERSTDORF
Tourismus Oberstdorf

Heilklimatischer Kurort & Kneippkurort
Prinzregenten-Platz 1
87561 Oberstdorf
Tel.: 08322 / 7000
www.oberstdorf.de

Kempten, Rathaus.

OY-MITTELBERG
Kur- und Tourismusbüro
Im Kurhaus Oy
Wertacher Str. 11
87466 Oy-Mittelberg
Tel.: 08366 / 207
www.oy-mittelberg.de

OBERGÜNZBURG
Marktplatz 1
87634 Obergünzburg
Tel.: 08372 / 9200-0
www.oberguenzburg.de

OTTOBEUREN
Touristikamt Kur & Kultur
Marktplatz 14
87724 Ottobeuren
Tel.: 08332 / 921950
www.ottobeuren.de

PFRONTEN
Pfronten Tourismus
Vilstalstraße 2
87459 Pfronten
Tel.: 08363 / 698-88
www.pfronten.de

RETTENBERG
Gästeinformation Rettenberg
Bichelweg 2
87549 Rettenberg
Tel.: 08327 / 92040
www.rettenberg.de

ROSSHAUPTEN
Tourist-Information Roßhaupten
Hauptstraße 10
87672 Roßhaupten/Forggensee
Tel.: 08367 / 364
www.rosshaupten.de

SONTHOFEN
Gästeamt Sonthofen
Rathausplatz 1
87527 Sonthofen
Tel.: 08321 / 615-291
www.sonthofen.de

Roßhaupten Gasthof Schwägele.

SEEG
Tourist-Information Seeg
Hauptstraße 33
87637 Seeg
Tel.: 08364 / 983033
www.seeg.de

TANNHEIMER TAL
Tourismusverband Tannheimer Tal
Oberhöfen 110
A-6675 Tannheim
Tel.: 0043 / 5675 / 62200
www.tannheimertal.com

WERTACH
Touristinformation Wertach
Rathausstr. 3
87497 Wertach
Tel.: 08365 / 702199
www.wertach.de

Übernachtungsverzeichnis

€ = unter 30 EUR; **€€** = 30 bis 60 EUR; **€€€** = über 60 EUR Preis pro Person in DZ, inkl. Frühstück

AITRANG PLZ: 87648, Tel. 08343

Allgäu-Hotel Elbsee (€€), Am Elbsee 3, Tel. 248, www.allgaeu-hotel-elbsee.com

APFELTRANG PLZ: 87674, Tel. 08341

Landgasthof Hubertus (€€), Wenglinger Straße 2, Tel. 81976, www.hubertus-apfeltrang.de

BAD GRÖNENBACH PLZ: 87730, Tel. 08334

Hotel Allgäuer Tor (€€-€€€), Sebastian-Kneipp-Allee 7, Tel. 5346500, www.allgaeu-resort.de
Landhotel Grönenbach (€€), Ziegelberger Straße 3, Tel. 98480, www.landhotel-groenenbach.de
Landgasthof Zur Post, Marktstraße 10, Tel. 206
Pension Zur Tanne (€-€€), Mozartstraße 2 Tel. 832, www.schlemmertanne.de
Hotel-Restaurant Neumair (€€), In der Vogelweide 4, Tel. 495, www.kurcafe.net

BAD WÖRISHOFEN PLZ: 86825, Tel. 08247

Parkhotel Residence (€€€), Bahnhofstraße 8-10, Tel. 3520, www.parkhotel-residence.de
Sporthotel Angerhof (€€-€€€), Lerchenstraße 13-15, Tel. 9910, www.angerhof.com
Kurhotel Bayernwinkel (€€-€€€), Kellerweg 10c, Tel. 30570, www.bayernwinkel.de
Vitalhotel Edelweiß (€€€), Bgm.-Singer-Straße 11-13, Tel. 35010, www.hotel-edelweiss.de
Kurhotel Förch (€€-€€€), Irsinger Straße 5, Tel. 3960, www.kurhotel-foerch.de
Kneipp Kurhotel Kreuzer (€€€), Kneippstraße 4, Tel. 3530, www.hotelkreuzer.de
Vitalhotel Sonneck (€€), Am Tannenbaum 1, Tel. 334900, www.vitalhotel-sonneck.de
Kur- und Tagungshotel Sonnengarten (€€€) Adolf-Scholz-Allee 5 , Tel. 334900, www.hotelsonnengarten.de
Golf & Spa Hotel Tanneck (€€€), Hartenthaler Straße, 29, Tel. 3070, www.tanneck.info
Kurhotel Alpenhof (€€€), Gammenrieder Straße 6, Tel. 30050, www.alpenhof-bad-woerishofen.de
Kurhotel Eichinger (€€-€€€), Hartenthaler Straße 20-26, Tel. 39030, www.kurhotel-eichinger.de
PTI Hotel Eichwald (€€-€€€), Eichwaldstraße 20, Tel. 9926760, www.pti-hotel.de
Hotel Luitpold (€€), Kneippstraße 7, Tel. 9980, www.hotelluitpold.de
Wellnesshotel Schropp (€€€) Obere Mühlstraße 13a, Tel. 35000, www.hotel-schropp.de
Kneipp-Kurhaus St. Josef (€€€), Adolf-Scholz-Allee 3, Tel. 3080, www.kneippkurhaus-st-josef.de
Kneipp-Kurhotel Steinle (€€-€€€), Gärtnerweg 17, Tel. 30030, www.steinle-hotel.de

BALDERSCHWANG PLZ: 87538, Tel. 08328

Almhof Lässer (€€€), Wäldle 8, Tel. 1018, www.almhof.de
Hubertus - Alpin Lodge & Spa(€€€), Dorf 5, Tel. 9200, www.hotel-hubertus.de
Wellvitalhotel Bergblick (€€€), Schlipfhalden 31, Tel. 1052, www.wellvitalhotel-bergblick.de
Balance Resort Ifenblick (€€€), Gschwend 49, Tel. 92470, www.ifenblick.de
Kienles Adlerkönig (€€-€€€), Dorf 3, Tel. 221, www.kienles.de

BIESSENHOFEN PLZ: 87640, Tel. 08341

Gasthof Stegmühle (€€), An der Stegmühle 2, Tel. 90200, www.gasthof-stegmuehle.de

BOLSTERLANG PLZ: 87538, Tel: 08326

Charivari's Wintergarten (€€), Dorfstr. 15, Tel. 36000 www.charivari-ferienwohnungen.de
Landhotel Mucha (€€), Sonderdorf 4, Tel. 36340, www.mucha-landhotel.de
Gästehaus Sonnenberg (€€), Dietrichs Nr. 6, Tel. 36410, www.gaestehaus-sonnenberg.de

BURGBERG PLZ: 87545, Tel. 08321

Gasthof Grüntenblick (€€), Agathazell 8, Tel. 3353, www.gruentenblick.de

DIETMANNSRIED PLZ: 87463, Tel. 08374

Landhaus Weller (€€), Wohlmutser Weg 2, Tel. 2324090, www.landhaus-weller.de

EGGENTHAL PLZ: 87653, Tel. 08347

Gasthof Krone (€), Kirchenstraße 3, Tel. 304, www.krone-eggenthal.de

FISCHEN IM ALLGÄU PLZ: 87538, Tel. 08322

Explorer Hotel (€€-€€€), An der Breitach 3, Tel. 3859690, www.landhaus-schmid.de

PLZ: 87538, Tel. 08362

Hotel Landhaus Schmid (€€), Weiler 12, Tel. 3859690, www.landhaus-schmid.de

Hotel Forellenbach (€€-€€€), Mühlenstraße 4, Tel. 384380, www.forellenbach.de

Allgäu Hotel Tanneck (€€€), Maderhalm 20, Tel. 9990, www.hotel-tanneck.de

Hotel Alpenblick (€€-€€€), Maderhalmer Weg 10, Tel. 9791, www.hotel-alpenblick.de

Hotel Rosenstock (€€-€€€), Berger Weg 14, Tel.364560, www.hotel-rosenstock.de

Parkhotel Burgmühle (€€-€€€), Auf der Insel 2+4, Tel. 9950, www.parkhotel-burgmuehle.de

Hotel Sonnenbichl am Rotfischbach (€€€), Jägestraße 19, Tel. 9940, www.hotel-sonnenbichl.com

Wohlfühlhotel Frohsinn (€€-€€€), Wiesenweg 4+6, Tel. 384930, www.frohsinn.de

FÜSSEN PLZ: 87629, Tel. 08362

Hotel Schlosskrone (€€€), Prinzregentenplatz 4, Tel. 930180, www.schlosskrone.de

Luitpoldpark-Hotel (€€€), Bahnhofstr. 1-3, Tel. 904-0, www.luitpoldpark-hotel.de

Hotel Sommer (€€€), Weidachstr. 74, Tel. 9147-0, www.hotel-sommer.de

Via Hotel Sonne (€€€), Reichenstraße 37, Tel. 9080, www.hotel-fuessen.de

Altstadt-Hotel „Zum Hechten“ (€€), Ritterstr. 6, Tel. 9160-0, www.hotel-hechten.com

Hotel Hirsch (€€-€€€), Kaiser-Maximilian-Platz 7, Tel. 93980, www.hotel-hechten.com

Hotel Ludwigs (€€), Reichenstr. 17, Tel. 9251795, www.hotel-ludwigs.de

Hotel-Pension Haus am Forggensee (€€), Weidachstr. 69, Tel. 3636, www.haus-forggensee.de

Hotel Garni Fürstenhof (€€), Kemptener Str. 23, Tel. 91480, www.fuerstenhof-fuessen.de

Hotel Brauerei-Gasthof (€€), Rupprechtstr. 5, Tel. 7843, www.brauereigasthof-braeustueberl.de

Hotel Eiskristall (€€), Birkstr. 3, Tel. 507812, www.hotel-eiskristall.de

Aktiv Hotel Schweiger (€€), Ländeweg 2, Ortsteil Bad Faulenbach, Tel. 91400, www.aktiv-hotel-schweiger.de

Frühlingsgarten Hotel-Restaurant (€€), Alatseestr. 8, Ortsteil Bad Faulenbach, Tel. 91730, www.hotel-fruehlingsgarten.de

Parkhotel Bad Faulenbach (€€), Fischhausweg 5, Tel. 9180, www.parkhotel-fuessen.de

Hotel Jakob (€€), Schwärzerweg 6, Tel. 9180, www.parkhotel-fuessen.de

Ruchti's Hotel & Restaurant (€€), Alatseestr. 38, Tel. 9180, www.parkhotel-fuessen.de

Euro Park Hotel International (€€), Am Kapellenberg 2, Tel. 9180, www.parkhotel-fuessen.de

GÖRISRIED PLZ: 87657, Tel. 08302

Gasthof Zum Hirsch (€€), Kirchplatz 6, Tel. 249, www.hirsch-goerisried.de

GRÄN PLZ: AT 6673, Tel. 0043 / 5675

Hotel Lumberger Hof (€€€), Am Lumberg 1, Tel. 6392, www.lumbergerhof.at

Wellness-Hotel Engel (€€€), Dorfstraße 35, Tel. 6423, www.engel-tirol.com

Hotel Sonnenhof (€€€), Füssener Jöchle Straße 5, Tel. 6375, www.sonnenhof-tirol.com

Hotel & Natur Bergblick (€€€), Am Lumberg 20, Tel. 6396, www.hotelbergblick.at

Almhotel Told (€€€), Engetalstraße 1, Tel. 6294, www.almhotel-tannheimertal.at

HALBLECH PLZ: 87642, Tel. 08368

Hotel Bannwaldsee (€€-€€€), Sesselbahnstr. 10, Ortsteil Buching, Tel. 9000, www.bannwaldseehotel.de

Landgasthof Schäder (€€), Romantische Str. 36 Ortsteil Buching, Tel. 1340, www.skyfoto.de

Alpengasthof Geiselstein (€€), Füssener Str. 26, Tel. 260, www.alpengasthof-geiselstein.de
Gasthof Hirsch (€€), Kirchplatz 2, Ortsteil Trauchgau, Tel. 274, www.gasthofhirsch-online.de

IMMENSTADT PLZ: 87509, Tel. 08323

Hotel Rothenfels (€€-€€€), Missener Straße 60, Tel. 9190, www.hotel-rothenfels.de
Hotel Lamm (€€), Kirchplatz 2, Tel. 6192, www.hotel-lamm-immenstadt.de
Gasthof Jägerhaus (€€), Ratholz 5, Tel. 225, www.gasthof-jaegerhaus.de
Hotel-Restaurant Krone (€€), Rottachbergstraße 1, Tel. 96610, www.hotel-krone-stein.de
Landhaus Bechteler (€€), In der Hub 15, Tel. 6251, www.landhausbechteler.de

PLZ: 87509, Tel. 08325

Bergpension Christine (€), Rieder 6, Tel. 760, www.bergpension.de

PLZ: 87509, Tel. 08320

Pension Bergblick (€-€€), Freundpolz 6, Tel. 309, www.bergblick-wegmann.de

IRSEE PLZ: 87660, Tel. 08341

Irseer Klosterbräu (€€), Klosterring 1-3, Tel. 432200, www.irsee.com

KAUFBEUREN PLZ: 87600, Tel. 08341

Leitner's Hotel Garni (€-€€), Neugablozer Straße 68, Tel. 3344, www.leitners-hotel-garni.de
Gasthof Zum Engel (€-€€), Hauptstraße 10, Tel. 2124, www.engel-kaufbeuren.de
Hotel Restaurant Hasen (€€), Ganghoferstraße 7, Tel. 966190, www.hotel-hasen.com
Hotel Grüner Baum (€€), Obere Gasse 4, Tel. 966110, www.gruener-baum-hotel.com
Hotel Goldener Hirsch (€€), Kaiser-Max-Straße 39-41 Tel. 43030, www.goldener-hirsch-kaufbeuren.de
Flair Hotel Am Kamin (€€), Füssener Straße 62 Tel. 9350, www.flairhotel-am-kamin.de
Hotel Am Turm Garni (€€), Josef-Landes-Straße 1, Tel. 93740, www.hotel-am-turm.de

KEMPTEN PLZ: 87347, Tel. 0831

Hotel Bayerischer Hof (€€), Füssener Straße 98, Tel. 521870, www.bayerischerhof-kempten.de
Gästehaus bei den Birken (€-€€), Goethestraße 25, Tel. 28008, www.tourismus-bayern.com
Hotel Pension Berg-Cafe (€€), Höhenweg 6, Tel. 575110, www.bergcafe.de
Hotel Fürstenhof (€€), Rathausplatz 8, Tel. 25360, www.fuerstenhof-kempten.de
Hotel Goldene Steig (€€), Klostersteige 4, Tel. 54077980, www.goldene-steig.de
Landhotel Hirsch (€€), Lenzfrieder Straße 55, Tel. 574000, www.hirsch-kempten.de
ParkHotel Kempten (€€), Bahnhofstraße 1, Tel. 25275, www.parkhotelkempten.de
Hotel Peterhof (€€), Salzstraße 1, Tel. 52440, www.hotelpeterhof.de
Smart Motel (€€), Edisonstraße 4, Tel. 200600, www.smartmotel.de
Hotel-Restaurant Sonnenhang (€€), Maraiberger Straße 78-80, Tel. 93756, www.hotel-sonnenhang-kempten.de
Hotel-Restauranr Waldhorn (€€), Steufzgen 80, Tel. 580580, www.waldhorn-kempten.de

MARKTOBERDORF PLZ: 87616, Tel. 08342

Hotel St. Martin (€€), Wieserstraße 21, Tel. 96260, www.hotel-sankt-martin.de
Landgasthof Voglerwirt (€-€€), Mühlbichl 24, OT Leuterschach, Tel. 2507, www.voglerwirt.de
Gasthof Buchenhain (€), Buchenweg 11, Tel. 2338, www.buchenhain-mod.de
Hotel-Gasthof Zum Hirsch (€€), Georg-Fischer-Straße 1, Tel. 2342, www.hotel-hirsch-mod.de
Café Greinwald (€€), Georg-Fischer-Straße 22, Tel. 2605, www.hotel-greinwald.de
Gasthof Stocker (€), Geisenrieder Straße 14, Ortsteil Geisenried, Tel. 2246, www.gasthofstocker.de

MINDELHEIM PLZ: 87719, Tel. 08261

Hotel Alte Post (€€), Maximilianstraße 39, Tel. 760750, www.hotel-alte-post.de
Hotel-Gasthof Stern (€€), Frundsbergstraße 17, Tel. 5055, www.hotel-stern.org
Gasthof zur Laute (€€), Lautenstraße 8, Tel. 5025820, www.zur-laute.de
Hotel Geiger Garni (€€), Allgäuer Straße 13, Tel. 731080, www.hotel-geiger-mindelheim.de
Landgasthof Jägersruh (€€), Mindelau, Jägersruh 4 Tel. 6794, www.landgasthof-jaegersruh.de

NESSELWANG PLZ: 87484, Tel. 08361

Ferienhotel Alpspitz (€€); Badeseeweg 10, Tel. 3030, www.alpspitzhotel-nesselwang.de
Alpenhotel Sportcafé Martin (€€), An der Riese 18, Tel. 1424, www.alpenhotel-martin.de
Nesselwanger Hof (€€€), Sudetenweg 2, Tel. 9251330, www.nesselwangerhof.de
Hotel Alpenrose (€€), Jupiterstraße 9, Tel.92040, www.alpenrose.de
Alpengasthof Sonnenbichl (€€-€€€), Maria-Trost-Allee 41, Tel. 3163, www.alpengasthof-sonnenbichl.de

OBERGÜNZBURG PLZ: 87634, Tel. 08372

Gasthof Goldener Hirsch (€€), Marktplatz 4, Tel. 7480, www.hirsch-oberguenzburg.de
Hotel-Restaurant Marianne (€€), Eschenloh 2, Tel. 2052, www.hotel-marianne.de
Hotel-Gasthof Zum Engel (€€), Marktplatz 14 , Tel. 922730, www.engel-allgaeu.de
Gasthof Gfällmühle (€), Ebersbach, Gfällmühle 1, Tel. 92060, www.gfaellmuehle.de

OBERMAISELSTEIN PLZ: 87538, Tel. 08326

Hotel-Restaurant Oberdorfer Stuben (€€), Oberdorf 4, Tel. 364520, www.oberdorfer-stuben.de
Wohlfühl-Hotel Berwanger Hof (€€€), Niederdorf 11 Tel. 36330, www.berwanerhof.de

OBERSTAUFEN PLZ: 87534, Tel. 08366

Hotel Adler (€€-€€€), Kirchplatz 6, Tel. 93210, www.adler-oberstaufen.de
Hotel Alpenkönig (€€€), Kalzhofer Straße 25, Tel. 93450, www.hotel-alpenkoenig.de
Hotel Bad Rain (€€€), Hinterstaufen 9, Tel. 93240, www.bad-rain.de
Bayerischer Hof (€€€), Hochgratstraße 2, Tel. 4950, www.bayer-hof.de
Hotel Diana (€€€), Unterm Schloss 2, Tel. 4880, www.kurhotel-diana.de
Hotel Johanneshof (€€€), Buflings 1, Tel. 93430 www.johanneshof.de
Kur- und Wellnesshotel Kronenhof (€€€), Bgm.-Hartlein-Straße 12 Tel. 4890, www.hotel-kronenhof.de
Hotel Staufner Hof (€€€), Am Kühlen Grund 3, Tel. 4970, www.staufnerhof.de
Ferienhotel Neudeck (€€-€€€), Auf der Höh 7, Tel. 7774, www.hotel-neudeck.de
Ferienhotel Alpenhof (€€), Gottfried-Resl-Weg 8a, Tel. 4850, www.alpenhotel-oberstaufen.de

OBERSTDORF PLZ: 87561, Tel. 08322

Kurparkhotel (€€), Prinzenstraße 1 , Tel. 96560, www.kurparkhoteloberstdorf.de
Hotel Weinklause (€€-€€€), Prinzenstraße 10, Tel. 96930, www.weinklause.de
Ferienhotel Luitpold (€€-€€€), Ludwigstraße 18 , Tel. 6030, www.luitpold-oberstdorf.de
Hotel Gasthof Adler (€€€), Fuggerstraße 1 ,Tel. 961 00, www.adler-oberstdorf.de
Hotel Mohren (€€€), Marktplatz 6, Tel. 9120, www.hotel-mohren.de
Parkhotel Frank (€€€), Sachsenweg 11 , Tel. 7060, www.parkhotel-frank.de
Hotel Kappeler Haus (€€), Am Seeler 2, Tel. 968 60, www.kappeler-haus.de
Gasthof Petra (€€), Ludwigstraße 5 , Tel. 7817, www.wienerwald.de
Alpin Lifestyle Hotel Löwen (€€€), Kirchstraße 1, Tel. 800 080, www.loewen-strauss.de
Hotel Traube (€€€), Hauptstraße 6, Tel. 809 940, www.hotel-traube.de
Hotel Garni Brigitte (€€), Wannackerstraße 4, Tel. 969 10, www.hotel-brigitte.de
Sascha's Kachelofen (€€), Kirchstraße 3 Tel. 977 50, www.saschas-kachelofen.de
Hotel Rex (€€), Clemens-Wenzeslaus-Straße 3, Tel. 968 90, www.hotelrex.de

OFTERSCHWANG PLZ: 87527, Tel. 08321

Hotel Pension Alpenhof (€€), Am Tobel 1, Tel. 2580 , www.alpenhof-schreiner.de
Hotel&Resort Sonnenalp (€€), Sonnenalp 1, Tel. 2720, www.sonnenalp.de

OTTOBEUREN PLZ: 87724, Tel. 08332

Parkhotel Maximilian (€€€), Bannwaldweg 11, Tel. 92370, www.parkhotel-ottobeuren.de
Brauerei Hotel Hirsch (€€), Marktplatz 12,Tel. 796770, www.hirsch-ottobeuren.de
Hotel Am Mühlbach Garni (€€), Luitpoldstraße 57 , Tel. 92050, www.hotel-am-muehlbach.de
Hotel St. Ulrich (€€), Bannwaldweg 10, Tel. 923520, www.kneipp-und-kur.de

Gasthof Mohren (€€), Marktplatz 1, Tel. 92130, www.gasthof-moehren.de
Pension Eva (€€), Schützenstr. 2, Tel. 796275, www.pension-eva-ottobeuren.de
Pension Mozart (€€), Wellness-Zentrum, Mozartstr. 22, Tel. 796110

OY-MITTELBERG PLZ: 87466, Tel. 08366

Hotel am Sonnenhang (€€-€€€), Sebastian-Kneipp-Weg 2, Tel. 98218, www.sonnenhang-allgaeu.de
„Die Mittelburg" Vitalhotel (€€€), Mittelburgweg 1-3, Tel. 180, www.hotel-mittelburg-allgaeu.de
Gasthaus Pension Krone(€€), Dorfbrunnenstraße 2, Tel. 983200, www.krone-mittelberg.de
Gasthof-Hotel Rose (€€), Dorfbrunnenstraße 10, Tel. 98200, www.rose-allgaue.de
Hotel Tannenhof (€€€), Tannenhofstraße 19, Tel. 988440, www.tannehof-allgaeu.com

PFRONTEN PLZ: 87459, Tel. 08363

Hotel Bavaria-Rehfeld (€€€), Pfronten-Dorf, Kienbergstraße 62, Tel. 9020, www.bavaria-pfronten.de
Hotel Berghof (€€€), Pfronten-Meilingen, Falkensteinweg 13, Tel. 91130, www.berghof-pfronten.de
Alpenhotel Krone (€€€), Pfronten-Dorf, Tiroler Straße 29, Tel. 69050, www.alpenhotelkrone.de
Hotel Edelsberg (€€), Pfronten-Halden, Edelsbergweg 72, Tel. 91090, www.edelsberg.com

RETTENBERG PLZ: 87549, Tel. 08327

Pension Jägerwinkel (€-€€), Kirchstraße 4, Tel. 488, www.jaegerwinkl.de
Berghof Riesen (€€), Rettenberg-Kranzegg, Alpweg 20,Tel. 488, www.berghof-riesen.de
Brauereigasthof Adler-Post (€€), Burgberger Str. 8, Tel. 226, www.brauereigasthof-adler-post.de

ROSSHAUPTEN PLZ: 87672, Tel. 08367

Hotel Kaufmann (€€-€€€), Füssener Str. 44, Tel. 91230 , www.hotel-kaufmann.de
Landgasthof Schwägele (€€), Haupstr. 15 ,Tel. 305 , www.landgasthof-schwaegele.de

PLZ: 87672, Tel. 08364

Landhotel Haflingerhof (€€), Vordersulzberg 1, Tel. 98480, www.haflingerhof.com

RUDERATSHOFEN PLZ: 87674, Tel. 08343

Gasthaus Zur Sonne (€€), Marktoberdorfer Straße 17, Tel. 266, www.sonne-ruderatshofen.de

SCHWANGAU PLZ: 87645, Tel. 08362

Hotel König Ludwig (€€€), Kreuzweg 15, Tel. 8890, www.koenig-ludwig-hotel.de
Wellvital Hotel Rübezahl (€€€), Am Ehberg 31, Ortsteil Horn, Tel. 8888, www.hotelruebezahl.de
Hotel Helmer (€€), Mitteldorf 10, Tel. 9800, www.hotel-helmer.de
Hotel Helmerhof (€€), Am Ehberg 31, Ortsteil Horn, Tel. 8069, www.helmerhof.de
Hotel Maximilian (€€), Marienstr. 10, Ortsteil Waltenhofen, Tel. 9880, www.maximilian-schwangau.de
Hotel Müller (€€), Alpenseestr. 16, Ortsteil Hohenschwangau, Tel. 81990, www.hotel-mueller.de
Hotel Steiger (€€), Frauenbergstr. 52b, Ortsteil Horn Tel. 8[illegible]067, www.hotelsteiger.de
Hotel Weinbauer (€€), Füssener Str. 3, Tel. 986-0, www.hotel-weinbauer.de
Landgasthof „Zur Post" (€€) Münchener Str. 5, Tel. 9821-0, www.landgasthofpost.de
Hotel Alpenstuben (€€€), Alpseestr. 8, Ortsteil Hohenschwangau, Tel. 98240, www.alpenstuben.de
Hotel garni Schlossblick (€€-€€€), Schwangauer Str. 7, Ortsteil Hohenschwangau, Tel. 81649, www.schlossblick-neuschwanstein.de
Hotel garni Schwangauer Hof (€€), Füssener Str. 113, Ortsteil Horn, Tel. 8400, www.hohenschwangau.de
Hotel Hanselewirt (€€), Mitteldorf 13,Tel. 8237, www.hanselwirt.de
Hotel-Pension Neuschwanstein, (€€), Geblerweg 2, Tel. 8209, www.hotelneuschwanstein.de
Hotel Schwanstein (€€), Kröb 2,Tel. 98390, www.hotel-schwanstein.de
Hotel Waldmann (€€), Parkstr. 5, Ortsteil Alterschrofen Tel. 8426, www.hotelwaldmann.de
Landhotel Guglhupf (€€) Füssener Str. 107, Ortsteil Horn, Tel. 939650, www.hotel-schwangau.com

SEEG PLZ: 87637, Tel. 08364

Landhotel Seeg (€€), Wiesleutener Str. 9 , Tel. 880, www.landhotel-seeg.de
Pension Heim (€€), Aufmberg 8, Tel. 258 , www.pensionheim.de
Landhaus Grobert (€€), Im Laich 3, Tel. 1263, www.landhaus-grobert.de

SONTHOFEN PLZ: 87527, Tel. 08321

Berghotel Sonnenklause (€€€), Hinang 48, Tel. 3614, www.sonnenklause.de
Hotel Gästehaus Schmideler (€€), Grüntenstraße 29b, Tel. 666000, www.schmideler.de
Hotel-Gasthof Schwäbele Eck (€€), Hindelanger Straße 9, Tel. 67200, www.schwaebele-eck.de
Brauereigasthof Hirsch (€€), Grüntenstraße 7, Tel. 64280, www.brauereigasthof-hirsch.de
Gasthof Löwen (€€), Hindelanger Straße 1, Tel. 2490, www.loewen-sonthofen.de
Gasthof Adler (€€), Hochstraße 7, Tel. 2309, www.adler-sonthofen.de
Landhotel Bauer (€€), Hans-Böckler-Straße 86, Tel. 7091, www.landhotel-bauer.de
Hotel Gasthof Traube (€€), Grüntenstraße 11, Tel. 67180, www,gasthof-traube-sonthofen.de
Gästeheim Haug (€€), Weststraße 18, Tel. 4698, www.gaestehaus-haug.de

SULZBERG PLZ: 87477, Tel. 08376

Gasthof Seerose (€€), Burgratzerstraße 4, Tel. 287, www.seerose-sulzberg.de
Flairhotel Sulzberger Hof (€€), Sonthofener Straße 17, Tel. 921330, www.sulzberger-hof.de

TANNHEIM PLZ: AT 6675, Tel. 0043 / 5675

Hotel Goldenes Kreuz (€€), Unterhöfen 8, Tel. 6205, www.hotel-goldenes-kreuz.at
Vital-Hotel Zum Ritter (€€-€€€), Unterhöfen 19, Tel. 6218, www.hotel-ritter.at
Hotel Jungbrunnen (€€€), Oberhöfen 25, Tel. 6248, www.jungbrunn.at
Hotel Drei Tannen (€€€), Geist 2, Tel. 6261, www.dreitannen.at
Landhaus Schnöller (€€-€€€), Bogen 28, Tel. 6584 www.landhaus-schnoeller.com
Landhotel Bogner Hof (€€€), Bogen 9, Tel. 629, www.bognerhof.at
Hotel Sägerhof (€€€), Unterhöfen 35, Tel. 62390, www.saegerhof.at
Hotel Schwarzer Adler (€€€), Oberhöfen 49, Tel. 6204, www.schwarzer-adler.at
Hohenfels das Landhotel (€€€), Kreuzgasse 8, Tel. 6286, www.hohenfels.at

THALKIRCHDORF PLZ: 87534, Tel. 08325

Ferienhotel Traube (€€-€€€), Kirchdorfer Straße 12, Tel. 9200, www.traube-thalkirchdorf.de

WALD PLZ: 87616, Tel. 08302

Landhotel Berghof (€€), Nesselwanger Straße 44, Tel. 200, www.berghof-babel.de
Hotel-Gasthof Post (€), Nesselwanger Straße 14, Tel. 490, www.gasthof-post-wald.de

WERTACH PLZ: 87497, Tel. 08365

Bichler Hof (€-€€), Bichel 20, Tel. 70280, www.bichler-hof.de
Hotel-Alpengasthof Pfeiffermühle (€€), Pfeiffermühle 3, Tel. 7990, www.pfeiffermuehle.com
Hotel Jörg (€€), Marktstraße 36, Tel. [illegible]
Hotel-Alpengasthof Hirsch (€€), Marktstraße 21, Tel. 70200, www.hirsch-werach.de
Bergasthof Ellegg-Höhe (€), Oberellegg 10, Tel. 228, www.ellegg.de
Gästehaus Thoma (€), Bichel 19, Tel. 1717, www.haus-thoma.de
Hotel Alpenhof Reuterwanne (€€), Reuterwanne 1, Tel. 338, www.alpenhof-reuterwanne.com

WIGGENSBACH PLZ: 87487, Tel. 08370

AllgäuHotel Hofgut Kürnach (€€), Unterkürnach 2, Tel. 8070, www.hofgut-kuernach.de
Gasthof Zum Hirsch (€), Rohrachstraße 7, Tel. 253, www.gasthof-hirsch-wiggensbach.de
Landhotel Goldnes Kreuz (€€), Marktplatz 1, Tel. 8090, www.landhotelgoldeneskreuz.de
Landgasthof Alte Säge (€€), Römerstr. 2, Tel. 929990, www.alte-saege.de

Register

Kartenempfehlung

Fahrradkarten

3127 Füssen, Garmisch-Partenkirchen, Ammergauer Alpen, Lechtal (1:70 000)
3123 Oberschwaben, Unterallgäu (1:70 000)
3124 Ostallgäu, Pfaffenwinkel (1:70 000)

Wanderkarten

3 Allgäuer Alpen, Kleinwalsertal (1:50 000)
4 Füssen, Außerfern (1:50 000)
5 Wettersteingebirge, Zugspitzgebiet (1:50 000)
179 Pfaffenwinkel, Schongau, Weilheim i. OB (1:50 000)
188 Ostallgäu, Kaufbeuren (1:50 000)

IMPRESSUM

Verlagsnummer 6420
ISBN 978-3-85026-764-9

Text und Fotos (soweit nicht anders angegeben): Ralf Enke

Titelbilder:
Bild links: Schloss Hohenschwangau
Bild Mitte: Am Grüntensee im Ostallgäu
(Foto: © mauritius, Dr. Wilfried Bahnmüller)
Bild rechts: Typisches Haus in Bolsterlang

Grafische Herstellung: wt-BuchTeam, Garching a.d.Alz
Wanderkartenausschnitte: © KOMPASS-Karten GmbH, Innsbruck
Gestaltung und Konzeption: fpm, Factor Product GmbH, München

Haftungsausschluss

Alle Angaben und Routenbeschreibungen wurden nach bestem Wissen gemäß unserer derzeitigen Informationslage gemacht. Die Radtouren wurden sehr sorgfältig ausgewählt und beschrieben, Schwierigkeiten werden im Text kurz angegeben. Es können jedoch Änderungen an Wegen und im aktuellen Naturzustand eintreten. Radfahrer und alle Kartenbenützer müssen darauf achten, dass aufgrund ständiger Veränderungen die Wegzustände bezüglich Befahrbarkeit sich nicht mit den Angaben in der Karte decken müssen. Bei der großen Fülle des bearbeiteten Materials sind daher vereinzelte Fehler und Unstimmigkeiten nicht vermeidbar. Die Verwendung dieses Führers erfolgt ausschließlich auf eigenes Risiko und auf eigene Gefahr, somit eigenverantwortlich. Eine Haftung für etwaige Unfälle oder Schäden jeder Art wird daher nicht übernommen.

Für Berichtigungen und Verbesserungsvorschläge ist die Redaktion stets dankbar. Korrekturhinweise bitte an folgende Anschrift:

Walter Theil, Nikolausstraße 8, D-84518 Garching a.d.Alz
Tel.: 0049/(0)8634/689803, Fax: 0049/(0)8634/689804
info@wt-buchteam.de, www.wt-buchteam.de

KOMPASS-Karten GmbH, Karl-Kapferer-Straße 5, A-6020 Innsbruck
Tel.: 0043/(0)512/2655610, Fax: 0043/(0)512/2655618
kompass@kompass.at, www.kompass.at